*Técnica e ciência
como "ideologia"*

FUNDAÇÃO EDITORA DA UNESP

Presidente do Conselho Curador
Mário Sérgio Vasconcelos

Diretor-Presidente
Jézio Hernani Bomfim Gutierre

Superintendente Administrativo e Financeiro
William de Souza Agostinho

Conselho Editorial Acadêmico
Danilo Rothberg
João Luís Cardoso Tápias Ceccantini
Luiz Fernando Ayerbe
Marcelo Takeshi Yamashita
Maria Cristina Pereira Lima
Milton Terumitsu Sogabe
Newton La Scala Júnior
Pedro Angelo Pagni
Renata Junqueira de Souza
Rosa Maria Feiteiro Cavalari

Editores-Adjuntos
Anderson Nobara
Leandro Rodrigues

JÜRGEN HABERMAS

Técnica e ciência como "ideologia"

Tradução
Felipe Gonçalves Silva

© Suhrkamp Verlag Frankfurt am Main, 1968
© 2011 Editora Unesp
Título original: *Technik und Wissenschaft als «Ideologie»*
Direitos de publicação reservados à:
Fundação Editora da Unesp (FEU)
Praça da Sé, 108
01001-900 – São Paulo – SP
Tel.: (0xx11) 3242-7171
Fax: (0xx11) 3242-7172
www.editoraunesp.com.br
www.livrariaunesp.com.br
feu@editora.unesp.br

CIP – Brasil. Catalogação na publicação
Sindicato Nacional dos Editores de Livros, RJ

H119t

Habermas, Jürgen, 1929-
 Técnica e ciência como "ideologia" / Jürgen Habermas; tradução Felipe Gonçalves da Silva. – 1. ed. – São Paulo: Editora Unesp, 2014.

 Tradução de: Technik und Wissenschaft als "Ideologie"
 Apêndice
 ISBN 978-85-393-0580-3

 1. Ciência – Filosofia. 2. Ciências sociais – Filosofia. 3. Epistemologia. I. Título.

14-15986   CDD: 121
                                            CDU: 165

A publicação desta obra foi amparada por um auxílio do Goethe-Institut, fundado pelo Ministério alemão de Relações Exteriores.

Editora afiliada:

Sumário

Introdução à Coleção . *7*

Apresentação à edição brasileira . *11*
  Marcos Nobre

Consideração preliminar . *33*

Trabalho e interação: comentários sobre
  a *Filosofia do espírito* de Hegel em Jena . *35*

Técnica e ciência como "ideologia" . *75*

Progresso técnico e mundo da vida social . *133*

Política cientificizada e opinião pública . *151*

Conhecimento e interesse . *177*

Referências bibliográficas . *201*

Índice onomástico . *205*

Introdução à Coleção

Se desde muito tempo são raros os pensadores capazes de criar passagens entre as áreas mais especializadas das ciências humanas e da filosofia, ainda mais raros são aqueles que, ao fazê-lo, podem reconstruir a fundo as contribuições de cada uma delas, rearticulá-las com um propósito sistemático e, ao mesmo tempo, fazer jus às suas especificidades. Jürgen Habermas consta entre estes últimos.

Não se trata de um simples fôlego enciclopédico, de resto nada desprezível em tempos de especialização extrema do conhecimento. A cada passagem que Habermas opera, procurando unidade na multiplicidade das vozes das ciências particulares, corresponde, direta ou indiretamente, um passo na elaboração de uma teoria da sociedade capaz de apresentar, com qualificação conceitual, um diagnóstico crítico do tempo presente. No decorrer de sua obra, o diagnóstico se altera, às vezes incisiva e mesmo abruptamente, com frequência por deslocamentos de ênfase; porém, o seu propósito é sempre o mesmo: reconhecer na realidade das sociedades modernas os potenciais de emancipação e seus obstáculos, buscando apoio em pesquisas empíricas e nunca deixando de justificar os seus próprios critérios.

Certamente, o propósito de realizar um diagnóstico crítico do tempo presente e de sempre atualizá-lo em virtude das transformações históricas não é, em si, uma invenção de Habermas. Basta se reportar ao ensaio de Max Horkheimer sobre "Teoria Tradicional e Teoria Crítica", de 1937, para dar-se conta de que essa é a maneira mais fecunda pela qual se segue com a Teoria Crítica. Contudo, se em cada diagnóstico atualizado é possível entrever uma crítica ao modelo teórico anterior, não se pode deixar de reconhecer que Habermas elaborou a crítica interna mais dura e compenetrada de quase toda a Teoria Crítica que lhe antecedeu – especialmente Marx, Horkheimer, Adorno e Marcuse. Entre os diversos aspectos dessa crítica, particularmente um é decisivo para compreender o projeto habermasiano: o fato de a Teoria Crítica anterior não ter dado a devida atenção à política democrática. Isso significa que, para ele, não somente os procedimentos democráticos trazem consigo, em seu sentido mais amplo, um potencial de emancipação, como nenhuma forma de emancipação pode se justificar normativamente em detrimento da democracia. É em virtude disso que ele é também um ativo participante da esfera pública política, como mostra boa parte de seus escritos de intervenção.

A presente Coleção surge como resultado da maturidade dos estudos habermasianos no Brasil em suas diferentes correntes e das mais ricas interlocuções que sua obra é capaz de suscitar. Em seu conjunto, a produção de Habermas tem sido objeto de adesões entusiasmadas, críticas transformadoras, frustrações comedidas ou rejeições virulentas – dificilmente ela se depara

Técnica e ciência como "ideologia"

com a indiferença. Porém, na recepção dessa obra, o público brasileiro tem enfrentado algumas dificuldades que esta Coleção pretende sanar. As dificuldades se referem principalmente à ausência de tradução de textos importantes e à falta de uma padronização terminológica nas traduções existentes, o que, no mínimo, faz obscurecer os laços teóricos entre os diversos momentos da obra.

Incluímos na Coleção praticamente a integralidade dos títulos de Habermas publicados pela editora Suhrkamp. São cerca de quarenta volumes, contendo desde as primeiras até as mais recentes publicações do autor. A ordem de publicação evitará um fio cronológico, procurando atender simultaneamente o interesse pela discussão dos textos mais recentes e o interesse pelas obras cujas traduções ou não satisfazem os padrões já alcançados pela pesquisa acadêmica, ou simplesmente inexistem em português. Optamos por não adicionar à Coleção livros apenas organizados por Habermas ou, para evitar possíveis repetições, textos mais antigos que foram posteriormente incorporados pelo próprio autor em volumes mais recentes. Notas de tradução e de edição serão utilizadas de maneira muito pontual e parcimoniosa, limitando-se, sobretudo, a esclarecimentos conceituais considerados fundamentais para o leitor brasileiro. Além disso, cada volume conterá uma apresentação, escrita por um especialista no pensamento habermasiano, e um índice onomástico.

Os editores da Coleção supõem que já estão dadas as condições para sedimentar um vocabulário comum em português, a partir do qual o pensamento habermasiano pode ser mais bem compreendido e, eventualmente, mais bem criticado. Essa suposição anima o projeto editorial desta Coleção, bem como

Jürgen Habermas

a convicção de que ela irá contribuir para uma discussão de qualidade, entre o público brasileiro, sobre um dos pensadores mais inovadores e instigantes do nosso tempo.

Comissão Editorial

Antonio Ianni Segatto
Denilson Luis Werle
Luiz Repa
Rúrion Melo

Apresentação à edição brasileira

Marcos Nobre[1]

Também para a trajetória intelectual de Habermas, o ano de 1968 representa um marco decisivo. Foi o ano em que publicou *Conhecimento e interesse* e esta coletânea de ensaios. O juízo do autor sobre o conjunto do livro *Técnica e ciência como "ideologia"* aparece na "Consideração preliminar" sob a forma de uma caracterização do ensaio que dá título ao volume e de sua relação com os demais:

> Sou grato por poder apresentar essas reflexões – que neste trabalho tinham mais um caráter experimental – junto com outros artigos relacionados já publicados em diferentes lugares. Eles podem servir para tornar precisos alguns pressupostos (isto vale para a primeira e a última contribuição) e assinalar algumas de suas consequências (o que faço na terceira e na quarta contribuição). No entanto, as contribuições conservam em seu

---

1 Professor de Filosofia da Unicamp e pesquisador do Cebrap.

todo o caráter de trabalhos de ocasião. No livro *Conhecimento e interesse*, surgido na mesma época, desenvolvi o ponto de vista exposto em minha aula inaugural na Universidade de Frankfurt (que encerra este volume).

"Técnica e ciência como 'ideologia'" (a "segunda contribuição" do volume) não vem incluído na categoria de "trabalho de ocasião" – expressão que tem tanto o sentido de "não sistemático", como de resposta a encomendas, convites, obrigações profissionais etc. –, mas como tendo "mais um caráter experimental", o que explica a posição diferenciada que lhe coube como texto que dá título ao volume. A afirmação de que os demais ensaios servem para esclarecer pressupostos ou assinalar consequências deve ser entendida em referência aos três livros mais importantes publicados por Habermas até aquele momento. Em um sentido muito genérico, pode-se dizer que, em relação a pressupostos, o primeiro e o último ensaios – "Trabalho e interação: comentários sobre a *Filosofia do espírito* de Hegel em Jena" e "Conhecimento e interesse" – estão mais próximos do universo teórico do livro *Conhecimento e interesse*. Da mesma forma, o terceiro e o quarto, "Progresso técnico e mundo da vida social" e "Política cientificizada e opinião pública", são desenvolvimentos afins a constelações de problemas colocadas pelos livros *Mudança estrutural da esfera pública* e *Teoria e práxis*, de 1962 e 1963, respectivamente.

É um extraordinário feito dispormos já da tradução de todos esses livros no quadro da edição brasileira dos escritos de Habermas pela Editora Unesp. E é também o que me permite aqui simplesmente remeter a essas obras e às respectivas apresentações feitas pelos tradutores de cada um desses volumes como

Técnica e ciência como "ideologia"

recurso para mostrar a plausibilidade dessa minha proposta de organização dos ensaios a partir das palavras de Habermas expressas na "Consideração preliminar" citada.

Além do ensaio que dá título ao volume, há ainda outro a que Habermas confere uma posição especial, como se pode ler ao final do trecho mencionado. Trata-se do último, que é caracterizado duplamente: como esclarecedor de pressupostos (tal como o primeiro ensaio) e ainda como esboço do que foi posteriormente realizado no volume *Conhecimento e interesse*. Esse é um dos indícios de que, em 1968, Habermas não via incompatibilidade de projeto entre os dois volumes publicados no mesmo ano. E, pela caracterização que dá dos ensaios de *Técnica e ciência como "ideologia"*, não parece haver dúvida de que considerava o primeiro livro de estatura teórica superior ao segundo.

De fato, o contraste com o alcance, a abrangência e a sistematicidade dos desenvolvimentos realizados em *Conhecimento e interesse* não poderia ser mais patente.

E, no entanto, foi "Técnica e ciência como 'ideologia'" o ensaio que progressivamente foi se impondo ao próprio autor como uma espécie de escrito programático que, desenvolvido ao longo dos treze anos seguintes, levaria à *Teoria da ação comunicativa*, o livro de referência de toda a sua obra. As formulações presentes em *Conhecimento e interesse* foram sendo progressivamente deixadas de lado. Em 1973, quando da reedição do livro, Habermas acrescentou um posfácio em que procura retraduzir — para ensaiar aqui uma formulação mais genérica possível — a "teoria dos interesses fundada na autorreflexão" ali presente em termos do novo projeto, em termos de uma teoria da ação guiada por "pretensões de validade reconhecidas intersubjetivamente". Não se trata, portanto, de abandono dos objetivos presentes em *Conhecimento e interesse*, mas de uma determinada formulação deles. O que se coaduna perfeitamente com a maneira pela qual Habermas apresentou sua ideia de "reconstrução" na abertura de seu livro de 1976, *Para a reconstrução do materialismo histórico*: "toma-se uma teoria em seus elementos constitutivos e se os rearranja em nova forma, de maneira a mais bem alcançar o objetivo a que ela se tinha proposto". As formulações que "tinham mais um caráter experimental" do ensaio "Técnica e ciência como 'ideologia'" foram pouco a pouco se mostrando como mais fecundas para os objetivos que Habermas se propôs a partir do final da década de 1960.

Até onde sei, faltam ainda elementos biográfico-intelectuais suficientes para esclarecer essa mudança de posição para além daqueles fornecidos pelo próprio autor em seus textos de auto-crítica. Uma excelente síntese dos principais pontos de revisão do autor de sua própria obra foi delineada por Luiz Repa em sua apresentação de *Conhecimento e interesse*. Esses pontos vão desde o declínio do pano de fundo da discussão anterior a 1968 (marcado pela discussão com o "positivismo") e das dificuldades de fundamentar a Teoria Crítica por meio da teoria do conhecimento (já que vai para o primeiro plano a necessidade de se dedicar diretamente à identificação das patologias no capitalismo) até uma concepção de sujeito histórico que guardava ainda traços relevantes de uma maneira de fazer teoria ligada ao que Habermas chama de "paradigma da filosofia da consciência". Essas dificuldades acabaram por colocar em xeque a própria ideia de crítica presente em *Conhecimento e interesse*, mostrando que ela tinha amalgamado concepções que não são facilmente compatibilizáveis (como a de Marx e a de Kant). E como é de Teoria Crítica que se trata, a compreensão desses déficits

Técnica e ciência como "ideologia"

mostrou também que foi a própria compreensão daquela etapa do capitalismo que lhe pareceu deficitária, levando Habermas a formular um novo diagnóstico do tempo presente.

Não é tarefa simples reconstruir essa mudança de diagnóstico de tempo nos escritos de Habermas no período, nem caberia nos limites de uma breve apresentação. Mas talvez seja possível tomar um fio condutor teórico, um elemento que sirva para indicar tanto a mudança de posição como o novo rumo tomado a partir dali. Uma maneira de apresentar esses elementos de progressiva autocrítica poderia ser feita a partir de um elemento praticamente ausente de *Conhecimento e interesse*, onipresente no ensaio "Técnica e ciência como 'ideologia'" e decisivo na *Teoria da ação comunicativa* treze anos depois: a teoria da racionalização de Max Weber. Ao receber em "Técnica e ciência como 'ideologia'" uma posição de destaque inédita, a teoria da ação de Weber passa a desempenhar um papel central na construção da nova teoria da sociedade que surgirá em 1981, com a *Teoria da ação comunicativa*. Esse papel canalizador e catalisador que tem Weber também será ele mesmo modificado ao longo do tempo, com a introdução de posições complementares de autores como Émile Durkheim, Herbert Mead e Talcott Parsons. Mas basta ler o capítulo dois da *Teoria da ação comunicativa* para ver quão marcante se tornou o pensamento de Weber para as formulações de Habermas a partir do final da década de 1960.

Salvo engano, foi apenas no ensaio "Técnica e ciência como 'ideologia'" que Habermas deu a Weber a mesma estatura que a Marx na formulação das tarefas críticas colocadas pelo tempo presente. Mais que isso, nesse ensaio a reformulação da teoria da weberiana da racionalização precede, na ordem de apresentação, a reformulação do materialismo histórico

15

marxiano, de tal maneira que se pode dizer que a primeira tem papel de preparação, de guia e de orientação para a segunda, mesmo se Marx tem precedência lógica, como marco inaugural da Teoria Crítica. Foi a introdução sistemática de Weber e sua contraposição relativamente a Marx o que constituiu a novidade teórica do ensaio de 1968, com a decisiva mediação nesse caso de Herbert Marcuse, a quem o texto foi dedicado. Ou pelo menos é isso o que defendo aqui.

Foi em "Técnica e ciência como 'ideologia'" que Habermas examinou pela primeira vez a teoria da racionalização de Weber segundo o duplo aspecto que viria a ser determinante no quadro da *Teoria da ação comunicativa*: como uma explicação da passagem das sociedades tradicionais para as sociedades modernas e como processo de modernização no quadro de sociedades onde já domina o modo de produção capitalista. E, no entanto, mesmo abandonando a pretensão de reconstruir a mudança no diagnóstico de tempo, mesmo restringindo a exposição à posição inédita que ganha a teoria da racionalização de Weber, a tarefa seria já extensa demais para o espaço desta apresentação. Além de levar, no limite, até as formulações próprias da *Teoria da ação comunicativa*, o argumento em sua visada mais ampla envolveria também uma comparação de mérito com toda a produção de Habermas até 1968. E, não por último, envolveria examinar, no próprio ensaio "Técnica e ciência como 'ideologia'", passagens em que se encontram amalgamados elementos das duas posições teóricas.[2]

---

2 Um exemplo dessa sobreposição de projetos de investigação está na passagem em que Habermas aproxima Freud (pensador central de *Conhecimento e interesse*) das críticas que considera necessário dirigir à

Técnica e ciência como "ideologia"

E, no entanto, fazê-lo aqui de maneira limitada pode ser útil: tem ao menos o interesse de apresentar a estrutura argumentativa do ensaio central do livro, podendo servir de guia para a leitura. Porque, se a argumentação desenvolvida até aqui convenceu, as razões são muitas para concentrar esforços em compreender o ensaio "Técnica e ciência como 'ideologia'" sobre todos os demais, independentemente das qualidades desses outros textos, que são muitas.

Essa maneira de articular as teses do texto de Habermas reivindica a tese de que a reformulação da teoria weberiana da racionalização passa a desempenhar um papel canalizador e catalisador de elementos que ganharão progressivamente destaque a partir de "Técnica e ciência como 'ideologia'", rumo à *Teoria da ação comunicativa*. Uma hipótese de leitura como essa não quer dizer que os enormes esforços despendidos por Habermas em seus *Estudos preparatórios para a Teoria da ação comunicativa*, que todo o trabalho em torno de uma "Pragmática universal" (depois chamada "formal") e de uma "Teoria da evolução social" ao longo dos anos 1970, que tudo o que implica, afinal, a "virada comunicativa", que tudo isso possa ser reduzido a esse papel inédito adquirido pela reformulação da teoria de Weber

---

teoria da racionalização weberiana: "A 'racionalização' de Max Weber não é apenas um processo de transformação das estruturas sociais de longo prazo, mas ao mesmo tempo uma 'racionalização' no sentido de Freud: ela oculta seu motivo verdadeiro, a manutenção objetiva de uma dominação historicamente caduca por meio da invocação de imperativos técnicos. E essa invocação, por sua vez, apenas se faz possível porque a racionalidade da ciência e da técnica já é, de forma intrínseca, uma racionalidade manipuladora, uma racionalidade da dominação".

no ensaio de 1968. O que se pretende aqui é apenas que foi essa constelação teórica primeira o que permitiu a Habermas encontrar uma maneira de organizar inicialmente seu próprio trabalho de maneira a fazer deslanchar seu novo programa de investigação. E isso está longe de ser pouco, quando se pensa na novidade que foi o surgimento de um modelo crítico em termos de uma "teoria da ação", um movimento igualmente inédito na história da Teoria Crítica.

O objetivo de Habermas no texto que dá título à coletânea de ensaios é duplo. Em um primeiro momento, trata-se simultaneamente de criticar Weber e de reformular o conceito de racionalização. Na etapa seguinte, trata-se de mostrar os limites dos conceitos fundamentais do materialismo histórico e de proceder à sua reconstrução. A articulação entre os dois momentos fundamentais do texto é dada pela distinção entre "trabalho" e "interação". Em seu primeiro momento, a distinção é criada para reformular o conceito de racionalização weberiano: "Gostaria de reformular aquilo que Max Weber chamou de 'racionalização' para ir além do enfoque subjetivo que Parsons compartilha com ele e propor um novo quadro categorial, o qual parte da distinção fundamental entre *trabalho e interação*". Em seu segundo momento, a mesma distinção serve para abrir caminho para uma reformulação do materialismo histórico:

> é necessário reformular também o quadro categorial segundo o qual Marx desenvolveu as *hipóteses fundamentais do materialismo histórico*. O vínculo entre forças produtivas e relações de produção teria de ser substituído pela relação mais abstrata entre trabalho e interação.

Técnica e ciência como "ideologia"

O autor que serve como dobradiça entre esses dois momentos fundamentais é Herbert Marcuse. Habermas toma como ponto de partida duas posições de Marcuse. A primeira é a tese de que o conceito de racionalização weberiano teria um caráter apologético do capitalismo. A segunda é a sua tese sobre o papel legitimador da dominação desempenhado pela ciência e pela técnica no capitalismo tardio. Concordando com a crítica de Marcuse, Habermas conclui que o conceito de racionalização weberiano tem de ser reformulado. Sem aceitar todas as consequências da tese, Habermas concorda com Marcuse que ciência e técnica desempenham um papel ideológico no capitalismo tardio, o que o levará a reformular a teoria de Marx em vista de uma caracterização do capitalismo tardio alternativa à de Marcuse.

A crítica de Marcuse se dirige ao fato de que a racionalização weberiana oculta uma forma determinada de *dominação política*: a racionalidade não é mais instrumento de crítica, mas se tornou "corretivo" *no interior* do sistema; a única coisa que ainda se pode dizer é que a sociedade está "mal programada": a "racionalidade" passa a ser a base da legitimação da dominação. Até aqui, Habermas está basicamente de acordo com Marcuse. Mas Marcuse, segundo Habermas, formula a partir disso uma tese que não se segue diretamente de sua crítica a Weber. Na leitura de Habermas, Marcuse afirma que a dominação oculta sob o manto da "racionalidade" não se deve a um determinado *uso* da técnica, mas à técnica *enquanto tal*: ela implica não apenas a dominação da natureza, mas a dominação dos próprios homens. Ciência e técnica tal como as conhecemos não apenas não são neutras, como se fundem de maneira inseparável com a dominação de classe. Há uma perversa simbiose entre o desenvolvimento das

Jürgen Habermas

forças produtivas e as relações de produção, e não mais uma contradição que fará explodir o sistema. Daí também que, na leitura de Habermas, Marcuse advogue a tese de que a emancipação da humanidade da dominação capitalista cega exija uma "ciência qualitativamente outra". E com isso Habermas não concorda.

Para poder concordar com Marcuse em sua crítica a Weber e criticá-lo por sua posição em relação à ciência e à técnica modernas, Habermas entende ser necessário distinguir "trabalho" e "interação". E essa distinção o obriga a refazer o percurso de Hegel a Marx segundo novas diretrizes. No primeiro ensaio deste livro, "Trabalho e interação: comentários sobre a *Filosofia do espírito* de Hegel em Jena", Habermas deu a seguinte caracterização desses dois termos:

> Como tradição cultural, a linguagem penetra na ação comunicativa; pois apenas as significações intersubjetivamente válidas e constantes criadas pela tradição permitem orientações baseadas na reciprocidade, isto é, expectativas de comportamento complementar. Dessa forma, a interação depende de comunicações linguísticas habituais. E também a ação instrumental, na medida em que compõe a categoria do espírito efetivo como trabalho social, está inserida em uma rede de interpretações, dependendo por isso de condições comunicativas marginais que permeiam toda cooperação possível.

Já nos manuscritos do jovem Hegel do período de Jena, Habermas encontrou uma relação de duas faces entre a interação – a ação comunicativa, a ação simbolicamente mediada – e o trabalho – a ação instrumental, chamada por Weber de ação racional com respeito a fins. De um lado, são dois tipos de

Técnica e ciência como "ideologia"

ação independentes, com lógicas próprias, irredutíveis uma à outra. Nada mais distinto do que as regras e práticas de construção de pontes de concreto armado e regras e práticas de convivência familiar, por exemplo. De outro lado, para que as regras técnicas típicas do trabalho possam funcionar, é necessário pressupor um quadro institucional em que elas se inscrevem, um quadro institucional regido por regras comunicativas típicas da interação.

E a crítica que Habermas dirige a Marx nesse mesmo texto será uma constante em todos os seus escritos posteriores. De um lado, Marx seguiu sem saber essa intuição do jovem Hegel:

> sem nenhum conhecimento dos manuscritos de Jena, Marx redescobre na dialética entre forças produtivas e relações de produção esse vínculo entre trabalho e interação que havia atraído alguns anos antes o interesse filosófico de Hegel, estimulado por seus estudos de economia.

De outro lado, surge também aí um equívoco fundamental – que afetará todo o marxismo, em suas diversas vertentes –, já que Marx

> encontra o mecanismo de transformação do sistema de trabalho social na contradição entre, de um lado, o poder de disposição sobre os processos naturais acumulado através do trabalho e, de outro, o quadro institucional de interações reguladas de maneira naturalizada. No entanto, uma análise mais rigorosa da primeira parte da *Ideologia alemã* demonstra que Marx não explica propriamente a conexão entre trabalho e interação, mas reduz esta àquela sob o rótulo genérico de prática social, quer dizer, submete a ação comunicativa à ação instrumental.

Esse equívoco fundamental de Marx é também aquele que, de maneira transformada, afeta a posição de Marcuse, para quem o que há de especificamente novo no capitalismo tardio – e, portanto, na história mundial – é o fato de que

> as forças produtivas parecem compor uma nova constelação com as relações de produção: elas já não servem mais aos fins de um esclarecimento político como fundamento da crítica à legitimação vigente, mas se transformam elas mesmas em fundamento de legitimidade.

É esse diagnóstico que levará Marcuse a afirmar, segundo Habermas, a existência de uma "peculiar *fusão entre tecnologia e dominação*, entre racionalidade e opressão", cujo resultado, do ponto de vista da *ação política*, seria o tornar impossível pensar a emancipação "sem a revolução da própria ciência e da técnica".

Contra a argumentação de Marcuse – e, *mutatis mutandis*, contra Marx, portanto –, Habermas se socorre de Arnold Gehlen, que mostrou haver uma conexão imanente entre a técnica tal como conhecida e aplicada no capitalismo tardio e a estrutura da ação racional com respeito a fins. E o resultado desse recurso de Habermas a Gehlen é uma posição enfaticamente antropológica, visível no seguinte trecho do texto:

> o desenvolvimento técnico se ajusta bem ao modelo interpretativo segundo o qual a espécie humana teria projetado, no âmbito dos meios técnicos, cada um dos componentes elementares da esfera funcional da ação racional com respeito a fins, os quais se encontravam inicialmente fixados ao organismo humano, aliviando-se dessa forma de suas funções correspondentes. As

Técnica e ciência como "ideologia"

funções do aparelho locomotor (mãos e pernas) seriam as primeiras a serem reforçadas e substituídas, depois as de geração de energia (do corpo humano), seguidas pelas funções do aparelho sensitivo (olhos, orelhas, pele) e, finalmente, as funções do centro de controle (do cérebro). Se considerarmos que o desenvolvimento técnico segue uma lógica que corresponde à estrutura da ação racional com respeito a fins e orientada pelo êxito – e isso significa: a lógica do *trabalho* –, então não se vê como poderíamos renunciar à técnica, mais precisamente à *nossa* técnica, em benefício de uma técnica qualitativamente distinta, enquanto permanecer inalterada a organização da natureza humana, isto é, enquanto tivermos de manter nossas vidas por meio do trabalho social e com a ajuda de meios que o substituem.

Ou seja, Marcuse "tem em mente uma *atitude* alternativa para com a natureza, mas dela não se pode auferir a ideia de uma nova *técnica*". E o equívoco de Marcuse – mas não apenas dele, também de Weber, também de Marx, por caminhos diferentes – está em confundir as esferas do trabalho e da interação:

A alternativa à técnica existente, o projeto de uma natureza como parceira e não como objeto, refere-se a uma estrutura de ação alternativa: a interação mediada simbolicamente, diferentemente da ação racional com respeito a fins. Isso significa, no entanto, que ambos os modelos são projeções do trabalho e da linguagem, projetos da espécie humana em seu conjunto e não de uma época, de uma classe, de uma situação em si mesma superável. Tal como a ideia de uma nova técnica, a ideia de uma nova ciência não parece defensável caso ela tenha de suspender, em nosso contexto, o comprometimento da ciência moderna com a possível disponibilidade técnica: tanto para o cumprimento de sua função, quanto para o desenvolvimento técnico-científico em geral, não parece existir nenhum substituto "mais humano".

Do lado de Weber, a preocupação fundamental é acompanhar os efeitos do progresso técnico-científico sobre o quadro institucional das sociedades em processo de "modernização". Esta preocupação não é original nem nova: trata-se de uma preocupação clássica da sociologia. Para demonstrá-la, Habermas cita uma série de pares conceituais: comunidade e sociedade (Tönnies), solidariedade orgânica e mecânica (Durkheim), cultura e civilização etc. até chegar a Talcott Parsons. Mas, se é verdade que Weber padece da parcialidade que afeta de diferentes maneiras os clássicos do pensamento sociológico, há em sua obra pistas que permitiriam superar essa mesma parcialidade: sua teoria da racionalização contém elementos complexos o suficiente para corrigir sua própria parcialidade ao pensar o processo de modernização social. Se é verdade que Weber concentra todas as suas energias em um único sentido do processo de modernização, que é o da expansão da racionalidade com respeito a fins, que progressivamente submete outras orientações de ação, ignorando, com isso, os caminhos da interação, da ação comunicativa, sua teoria do "desencantamento do mundo" em seu todo não pode ser reduzida a esse esquema.

Habermas apresenta a racionalização weberiana nos seguintes termos:

> A superioridade do modo de produção capitalista sobre os anteriores é fundada em dois elementos: na instauração de um mecanismo econômico que permite a ampliação constante dos

Técnica e ciência como "ideologia"

subsistemas de ação racional com respeito a fins, bem como na criação de uma legitimação econômica sob a qual o sistema de dominação pode ser adaptado às novas exigências de racionalidade desses subsistemas em desenvolvimento. É esse processo de adaptação que Max Weber compreende como "racionalização".

E, no entanto, tinha sido o próprio Weber o primeiro a chamar a atenção para um outro sentido de racionalização. Foi ele quem pensou o processo de racionalização em termos do "desencantamento das imagens de mundo", ou, nos termos de Habermas, da interação simbolicamente mediada.

Como diz o texto:

> As imagens de mundo místicas, religiosas, e metafísicas obedecem à lógica dos contextos de interação. Elas dão respostas aos problemas mais centrais da humanidade relativos tanto à convivência compartilhada quanto à história de vida individual. Seus temas são justiça e liberdade, poder e repressão, felicidade e satisfação, miséria e morte. Suas categorias são o triunfo e a derrota, amor e ódio, salvação e condenação. Sua lógica se mede pela gramática de uma comunicação distorcida e pela causalidade do destino exercida por símbolos dissociados e motivos reprimidos. A racionalidade dos jogos de linguagem atrelada à ação comunicativa é confrontada, no limiar da modernidade, com uma racionalidade das relações de meios de fins que se vincula à ação instrumental ou estratégica. E tão logo essa confrontação se instaura, a sociedade tradicional vê o princípio de seu fim: seu modo de legitimar a dominação entra em colapso.

Daí que, para compreender a passagem às sociedades modernas de maneira complexa – e não parcial, como em Marx, mas também no próprio Weber –, é necessário pensar a racionalização "em dois níveis". Não basta pensar a modernidade como espraiar constante de sistemas de ação racional com respeito a fins, como expansão permanente do trabalho, da ação instrumental. É necessário pensá-la ao mesmo tempo em termos de mudança de padrões da interação, da ação simbolicamente mediada. É assim que Habermas, partindo de Weber, distingue entre uma "racionalização a partir de cima" e uma "racionalização a partir de baixo". Esta última é o espraiar horizontal da lógica da racionalidade com respeito a fins, que destrói os vínculos sociais tradicionais e atinge todos os domínios da vida. A "racionalização a partir de cima" (que Weber chama de secularização ou desencantamento do mundo) diz respeito à obsolescência das interpretações de mundo cosmológicas tradicionais, que são "subjetivadas" e que se adaptam à lógica do direito formal burguês e da troca de equivalentes do mercado capitalista.

Característico do capitalismo é oferecer

uma legitimação da dominação que não desce mais do céu da tradição cultural, mas que pode ser erguida sobre a base do trabalho social. A instituição do mercado, na qual os proprietários privados trocam mercadorias e que inclui o mercado em que aqueles desprovidos de propriedade fazem o intercâmbio de sua única mercadoria, a própria força de trabalho, promete a justiça na equivalência das relações de troca. Com a categoria de reciprocidade, essa ideologia burguesa também transforma a ação comunicativa em base de legitimidade. Mas o princípio da reciprocidade é agora o princípio organizatório dos processos mesmos de produção e reprodução. Por isso, a dominação política pode a partir de então ser legitimada "de baixo para cima", ao

Técnica e ciência como "ideologia"

invés de legitimar-se "de cima para baixo" evocando os recursos da tradição cultural.

A necessidade de pensar as sociedades modernas em duplo registro exige reconstrução e reformulação do melhor pensamento social. O que, nas palavras de Habermas, resulta no seguinte esquema geral:

O quadro *institucional* de uma sociedade consiste de normas que dirigem as interações linguisticamente mediadas. Mas existem subsistemas como o sistema econômico e o aparato estatal, para permanecermos com os exemplos de Max Weber, nos quais são institucionalizadas principalmente proposições acerca de ações racionais com respeito a fins. Do outro lado encontramos subsistemas, como a família e o parentesco, que embora se encontrem por certo vinculados a uma grande quantidade de tarefas e habilidades, repousam fundamentalmente em regras morais de interação. Dessa maneira, gostaria de realizar em um plano analítico distinções gerais entre 1. o *quadro institucional* de uma sociedade ou o mundo da vida sociocultural e 2. os *subsistemas de ação racional com respeito a fins* nele incrustados. Na medida em que ações são determinadas pelo âmbito institucional, elas se mostram ao mesmo tempo dirigidas e impostas por expectativas de comportamento reciprocamente entrelaçadas e dotadas de sanção. Na medida em que são determinadas pelos subsistemas de ação racional com respeito a fins, elas seguem os padrões da ação instrumental ou estratégica. No entanto, somente por meio de sua institucionalização pode ser obtida a garantia de que se atenham com certa probabilidade às regras técnicas ou às estratégias esperadas. Com a ajuda dessas distinções podemos reformular o conceito weberiano de "racionalização".

Note-se que os subsistemas do agir racional com respeito a fins estão *incrustados* no quadro institucional, quer dizer, eles são "autônomos", têm suas "legalidades próprias", mas nem por isso podem determinar sozinhos o conjunto do processo de modernização, o padrão de racionalidade que carregam não é suficiente para explicar *todo* o processo de modernização. Desse modo, o que distingue as sociedades tradicionais das sociedades em processo de modernização *não é* a pressão do desenvolvimento das forças produtivas sobre o quadro institucional, *não é* a pressão dos subsistemas da ação racional com respeito a fins sobre as relações de produção (nessa peculiar tradução que dá Habermas dos vocabulários de Marx e de Weber). Segundo Habermas, este é o mecanismo da história de desenvolvimento do próprio gênero humano. O que de fato distingue o capitalismo das fases históricas anteriores é a extensão *permanente* dos subsistemas do agir racional com respeito a fins, o que põe em xeque a legitimação da dominação por meio de formas tradicionais de dominação, fundadas em interpretações cosmológicas.

Revelar a ambiguidade do conceito marxista de trabalho, a confusão de ação racional com respeito a fins e a interação simbolicamente mediada, não se faz por oposição à ideia de crítica, mas porque esse conceito de trabalho não seria mais suficientemente crítico, não conseguiria enfrentar com eficácia as tarefas da Teoria Crítica no quadro do capitalismo tardio. A relação entre desenvolvimento capitalista e natureza não se coloca plenamente no âmbito de um limite material desse desenvolvimento, por mais importante que seja este aspecto do ponto de vista do *êxito* da ação, por mais importante que seja do ponto de vista da ação instrumental. O problema está colocado antes no nível da relação desse desenvolvimento com

Técnica e ciência como "ideologia"

as elaborações provenientes do "mundo da vida sociocultural" e sua cristalização no "quadro institucional".

O risco não está posto num desenvolvimento econômico sem freios ou limites, mas no grau de descolamento da ação instrumental do contexto linguisticamente mediado que lhe dá sentido e legitimidade, ou, por outra – no vocabulário posterior da *Teoria da ação comunicativa* –, do grau de "colonização do mundo da vida" em que a sociedade se encontra cada vez. Em um primeiro momento de consolidação da dominação capitalista, os padrões impostos pela expansão permanente dos subsistemas da ação racional com respeito a fins têm papel de crítica e transformação das formas de legitimação tradicionais, têm de fato papel emancipatório. Mas, a partir do momento em que a ciência e a técnica se tornam as principais forças produtivas (no último quarto do século XIX, segundo Habermas), essa situação se altera radicalmente.

Como diz o texto:

> Desde o último quarto do século XIX tornam-se perceptíveis nos países capitalistas mais avançados *duas tendências de desenvolvimento*: 1) um crescimento do intervencionismo estatal, o qual procura assegurar a estabilidade do sistema e 2) uma interdependência crescente da pesquisa e da técnica, que transformou a ciência na principal força produtiva. Ambas as tendências destroem aquela constelação entre o quadro institucional e os subsistemas de ação racional com respeito a fins que distingue o capitalismo em sua fase liberal. Com isso deixam de existir condições de aplicação relevantes para a economia política na versão que Marx havia concebido, com razão, em vista do capitalismo liberal. A chave para a análise da nova constelação encontra-se, segundo penso, na

tese fundamental de Marcuse de que a técnica e a ciência assumem hoje também a função de legitimar da dominação.

É nesse momento, segundo Habermas, que o conceito de racionalização revela sua ambiguidade. É também o momento em que declina o papel legitimador da ideologia burguesa clássica da troca justa, desmontada em sua base por Marx. Essa primeira figura da ideologia capitalista pretendia simplesmente submeter o quadro institucional à lógica dos subsistemas do agir racional com respeito a fins, prolongando indefinidamente uma expansão da modernização baseada na supremacia da ação instrumental sobre qualquer forma de ação comunicativa. Se tudo tivesse continuado assim, tanto Marx como Weber, por caminhos diferentes e com consequências opostas, teriam razão: "modernização" e "racionalização" seriam socialmente sinônimos, apontariam apenas para a expansão permanente dos domínios sociais submetidos à lógica da ação instrumental.

Ocorre que o diagnóstico de Marx para o capitalismo estava basicamente correto: de um lado, deixado às suas próprias leis, funcionando segundo essa sua lógica de expansão instrumental, o sistema tendia a se esfacelar; ao mesmo tempo, a ideologia burguesa da troca justa tinha sido já ferida de morte pelo movimento operário, perdendo sua capacidade de legitimação da dominação capitalista. Mudanças estruturais aconteceram, entretanto, no final do século XIX, levando a uma nova e relativa estabilização do sistema que não estava prevista no diagnóstico de Marx: o quadro institucional se repolitizou, recuperou sua superioridade em relação aos subsistemas da ação racional com respeito a fins. No quadro do diagnóstico de Marx, isso só poderia acontecer com a passagem para o socialismo. Ou com

Técnica e ciência como "ideologia"

uma humanidade que se perdesse em ditaduras e guerras, na barbárie.

Uma virada como essa só foi possível, paradoxalmente, com uma repolitização do quadro institucional realizada com base em uma nova despolitização: foi aí que técnica e ciência passaram a desempenhar também o papel de "ideologia". Essa operação é qualitativamente diversa da operação clássica. Ela não nasce mais da "base do trabalho social", mas revela, ao contrário, a impossibilidade de reduzir a lógica do quadro institucional à lógica dos subsistemas do agir racional com respeito a fins. Daí a "ideologia", posta agora entre aspas. Daí que Habermas nos diga ser necessário distinguir dois conceitos de racionalização: racionalização no âmbito dos subsistemas do agir racional com respeito a fins e racionalização no âmbito do quadro institucional. Nada mais nada menos do que o que é requerido pela distinção entre trabalho e interação. Nada mais nada menos do que uma reformulação total do conceito de racionalização weberiano *e* do par conceitual marxiano desenvolvimento das forças produtivas-relações de produção. Foi a nova configuração do capitalismo, um capitalismo estatalmente regulado, que permitiu a Habermas distinguir dois níveis de racionalização que pareciam antes amalgamados ou encobertos. E foi o que lhe abriu o caminho que levou até a *Teoria da ação comunicativa*.

Consideração preliminar

O artigo sobre "Técnica e ciência como 'ideologia'" inclui uma discussão da tese desenvolvida por Herbert Marcuse, segundo a qual "A força libertadora da tecnologia – a instrumentalização das coisas – converte-se em um grilhão da libertação, torna-se a instrumentalização do homem". Este artigo foi dedicado a Herbert Marcuse, por seu aniversário de 70 anos. Pertence às *Antworten auf Herbert Marcuse* [Respostas a Herbert Marcuse], mas em razão de sua extensão, não pôde ser incorporado ao pequeno volume publicado com esse título.

Sou grato por poder apresentar essas reflexões – que neste trabalho tinham mais um caráter experimental – junto com outros artigos relacionados já publicados em diferentes lugares. Eles podem servir para tornar precisos alguns pressupostos (isso vale para a primeira e a última contribuição) e assinalar algumas de suas consequências (o que faço na terceira e na quarta contribuição). No entanto, as contribuições conservam em seu todo o caráter de trabalhos de ocasião.

Jürgen Habermas

No livro *Conhecimento e interesse*, surgido na mesma época, desenvolvi o ponto de vista exposto em minha aula inaugural na Universidade de Frankfurt (que encerra este volume).

Frankfurt am Main, agosto de 1968.

Trabalho e interação: comentários sobre a Filosofia do espírito de Hegel em Jena

Hegel proferiu em Jena nos anos de 1803-1804 e 1805-1806 cursos sobre a filosofia da natureza e do espírito. A *Filosofia do espírito* se reporta ao *Sistema da eticidade* que Hegel havia elaborado de forma fragmentária. Esses escritos[1] encontram-se ainda sob forte influência dos estudos de economia política aos quais o autor havia se dedicado naquele período – o que já foi continuamente frisado pelas pesquisas marxistas sobre Hegel.[2] Contudo, até o momento não se levou suficientemente em consideração o papel peculiar que a *Filosofia do espírito* de Jena ocupa sistematicamente em sua obra. Assim como antes, predomina a interpretação apresentada por Lasson em seu prefácio à edição dos cursos de Jena: consideram-se esses trabalhos

---

1 O *Sistema da eticidade* é citado segundo a edição de Lasson, *Hegels Schriften zur Politik und Rechtsphilosophie*, volume VII das *Sämtliche Werke*, p.415-499. As duas versões da *Filosofia do espírito* de Jena foram também editadas por Lasson: *Jenenser Realphilosophie I*, volume XIX das *Sämtliche Werke*, p.195 et seq., e *Jenenser Realphilosophie II*, volume XX das *Sämtliche Werke*, p.177 et seq.

2 Lukács, *Der junge Hegel*.

como uma etapa preparatória à *Fenomenologia*, sendo enfatizados seus paralelos com o sistema posterior. Contrariamente a isso, gostaria de defender a tese de que Hegel estabeleceu em ambas as lições de Jena uma sistemática particular, abandonada posteriormente, como fundamento do processo de formação do espírito.

As categorias linguagem, instrumento e família caracterizam três padrões equivalentes de relações dialéticas: a representação simbólica, o processo de trabalho e a interação baseada na reciprocidade estabelecem, cada qual à sua maneira, uma mediação entre sujeito e objeto. A dialética da linguagem, do trabalho e da relação ética são desenvolvidas cada uma delas como figuras particulares dessa mediação; não se trata ainda de estágios construídos segundo a mesma forma lógica, mas de formas diferentes da própria construção. Uma radicalização da minha tese poderia ser enunciada da seguinte maneira: não é o espírito que, no movimento absoluto de reflexão sobre si mesmo, manifesta-se também, entre outras coisas, na linguagem, no trabalho e na relação ética, mas é apenas a relação dialética de simbolização linguística, de trabalho e de interação que determina o conceito de espírito. O lugar sistemático das mencionadas categorias contradiria isso; elas evidentemente não surgem na lógica, mas em uma filosofia real [*Realphilosophie*]. Por outro lado, as relações dialéticas encontram-se ali tão claramente presas aos modelos básicos de experiências heterogêneas que as formas lógicas se diferenciam umas das outras segundo o contexto material específico de onde são extraídas: exteriorização e alienação, apropriação e reconciliação ainda se referem umas às outras. De qualquer modo, encontra-se nas lições de Jena a tendência de que apenas os três padrões dialéti-

Técnica e ciência como "ideologia"

cos da consciência existente tomados *conjuntamente* manifestam o espírito em sua estrutura.[3]

I

Na introdução à *lógica subjetiva*, Hegel recorda aquele conceito do eu no qual encerra sua experiência fundamental da dialética:

---

3 A própria forma como são construídas as lições fala-nos a favor dessa tese. As categorias *linguagem, instrumento* e *bem de família* [*Familiengut*] abarcam a dimensão da existência externa e pertenceriam, de acordo com a divisão posterior e definitiva do sistema, às formas do *espírito objetivo*. Entretanto, tais categorias não apareceram em Jena sob o título correspondente de *espírito efetivo* [*wirklichen Geistes*], mas surgem já na primeira parte da *filosofia do espírito*, para a qual o editor escolhe a designação sistemática de *espírito subjetivo*. De acordo com a terminologia enciclopédica, são determinações do espírito subjetivo apenas aquelas que caracterizam as relações do sujeito cognoscente e agente consigo mesmo. Não pertencem a elas as objetivações da linguagem (símbolos tradicionais), do trabalho (forças produtivas) e da ação baseada na reciprocidade (papéis sociais). Por seu intermédio, entretanto, Hegel demonstra a essência do espírito como uma organização de meios. A exposição adotada em Jena, evidentemente, não obedece ainda à sistemática posterior. O "espírito efetivo" não é antecedido pelo momento do espírito subjetivo, mas por uma seção que poderia mais propriamente receber o título de "espírito abstrato": nela Hegel apresenta as determinações abstratas do espírito, no sentido de uma unidade de inteligência e vontade constituída em conexão fundamental com a representação simbólica, com o trabalho e com a interação – e não no sentido das abstrações que subsistem como espírito subjetivo ao despojarmos o processo de formação do espírito de todas as suas objetivações, nas quais ele possui sua existência externa.

O eu [...] é essa unidade essencialmente pura que se refere a si mesma, não imediatamente, mas em abstração de toda determinação e conteúdo, e que se recolhe na liberdade da igualdade ilimitada consigo mesma. Assim ele é universalidade; unidade que, apenas através deste comportamento negativo que se manifesta como o abstrair, é unidade consigo mesmo e que por esse meio contém em si dissolvido todo ser-determinado. Em segundo lugar, o eu é tanto imediato quanto negatividade que se refere a si mesma, singularidade [*Einzelnheit*], absoluto ser determinado que se contrapõe ao outro e o exclui; personalidade individual. Aquela universalidade absoluta, que é também imediatamente um isolamento [*Vereinzelung*] absoluto e um ser em si e para si, que é ser-posto por excelência e que, apenas por meio da unidade com o ser-posto, é esse ser em si e para si, constituindo tanto a natureza do eu quanto do conceito; de um e de outro nada se pode conceber se ambos os momentos referidos não são simultaneamente compreendidos em sua abstração e, ao mesmo tempo, em sua completa unidade.[4]

Hegel toma como ponto de partida aquele conceito de eu que Kant desenvolveu sob o título de unidade sintético--originária da apercepção. O eu é apresentado aqui como "a unidade pura que se refere a si mesma", como o "eu penso" que tem de poder acompanhar todas as minhas representações. Esse conceito articula a experiência fundamental da filosofia da reflexão: a saber, a experiência da identidade do eu na autorreflexão, isto é, a autoexperiência do sujeito cognoscente, que abstrai todos os objetos possíveis do mundo e que se volta

---

4 Hegel, *Sämtliche Werke*, v.5, p.14.

sobre si mesmo como objeto único. A subjetividade do eu é determinada como reflexão – ela é a relação consigo do sujeito que sabe a si mesmo. Nela se estabelece a unidade do sujeito como autoconsciência. Kant interpreta essa experiência de autorreflexão simultaneamente sob pressupostos de sua teoria do conhecimento: ele purifica a apercepção originária, que deve assegurar a unidade da consciência transcendental diante da apercepção empírica.

Fichte leva mais adiante a reflexão acerca da autorreflexão até o momento *anterior* à sua divisão de esferas, a cuja fundamentação ela deve servir, deparando-se com o problema da fundamentação, mais precisamente, da fundamentação última do eu. Nisso ele conduz a dialética da relação do eu com o outro ao interior da subjetividade do saber-se a si mesmo.[5] Contrariamente a isso, Hegel se entrega à dialética do eu e do outro no quadro da intersubjetividade do espírito, na qual não é o eu que se comunica consigo mesmo como com o seu outro, mas o eu que se comunica com um outro eu enquanto outro.

A dialética da *Wissenschaftslehre* [Doutrina da ciência] de 1794, a qual expressa a ideia de que o eu simplesmente põe a si mesmo, permanece presa à relação de reflexão solitária: enquanto *teoria da autoconsciência*, ela oferece uma resposta às aporias daquela relação em que o eu se constitui ao saber-se em um outro identificado consigo mesmo. A dialética hegeliana da autoconsciência sobrepassa a relação da reflexão solitária em benefício de uma relação complementária de dois indivíduos que se conhecem. A experiência da autoconsciência já não vale mais como originária. Para Hegel, ela se dá muito mais pela

---

5 Cf. Henrich, *Fichtes ursprüngliche Einsicht*.

experiência de interação, na qual eu aprendo a me ver com os olhos de outro sujeito. A consciência de mim mesmo é derivada de um entrecruzamento de perspectivas. Apenas sobre a base do reconhecimento recíproco se forma a autoconsciência, a qual precisa estar fixada ao reflexo que obtenho de mim mesmo na consciência de outro sujeito. Por isso Hegel não pode responder à questão sobre a origem da identidade do eu com uma fundamentação da autoconsciência que retorna a si mesma, tal como havia feito Fichte, mas somente com uma *teoria do espírito*. O espírito não é, pois, o fundamento que serve de base à subjetividade do eu na autoconsciência, mas o *medium no* qual um eu se comunica com outro eu e somente *a partir* do qual, como uma mediação absoluta, ambos os sujeitos se formam reciprocamente. A consciência existe como o meio no qual os sujeitos se encontram, de tal modo que, sem seu encontro, eles não poderiam ser na qualidade de sujeitos.

Nesse sentido, Fichte apenas aprofunda a unidade transcendental da autoconsciência kantiana; a unidade abstrata da síntese se dissolve em uma operação originária que produz a unidade da oposição entre o eu e o outro como aquela do eu que sabe a si mesmo. Hegel, contrariamente, apega-se à vazia identidade do eu kantiano, mas a reduz a mero momento do universal ao submetê-la a essa categoria. O eu, enquanto autoconsciência, é universal na medida em que é um eu abstrato, isto é, na medida em que resulta da abstração de todos os conteúdos dados a um sujeito de conhecimento ou de representações. Do mesmo modo como abstrai a diversidade dos objetos externos, um eu que se atém a si mesmo como a algo idêntico deve também abstrair a sequência de vivências e estados internos. A universalidade do eu abstrato mostra-se na medida em que, por meio dessa categoria, são definidos como indivíduos *todos* os sujeitos *possíveis*, isto é, *qualquer um* que possa dizer eu a si mesmo. Por outro lado, no entanto, a mesma categoria do eu também obriga a se pensar um determinado sujeito que, ao dizer eu a si mesmo, afirma-se como inalienavelmente individual e único. A identidade do eu se refere, assim, não apenas àquela universalidade abstrata da autoconsciência em geral, mas ao mesmo tempo à categoria da singularidade. O eu é individualidade não apenas no sentido de uma identificação reiterável de algo no interior de coordenadas aplicáveis, mas no sentido de um nome próprio que se refere a algo especificamente individuado. O eu, como categoria da singularidade, exclui a redução de algo a um número finito de elementos — por exemplo, ao número hoje conhecido dos componentes elementares do material hereditário.

Enquanto Fichte compreende o conceito de eu como identidade do eu e do não eu, Hegel o concebe desde o princípio como identidade do universal e do singular. O eu é ao mesmo tempo universal e singular. E o espírito é o desenvolvimento dialético dessa unidade, isto é, a totalidade ética. Hegel não escolhe o termo arbitrariamente, pois "espírito", que utilizamos habitualmente ao falarmos de espírito de um povo, de uma época, de uma equipe, sempre nos remete a algo além da subjetividade da autoconsciência solitária. O eu como identidade do universal e do singular apenas pode ser compreendido a partir da unidade de um espírito que conecta a identidade do eu com um outro não idêntico a ele. O espírito é a comunicação dos singulares no *medium* de uma universalidade, a qual funciona como a gramática de uma língua perante seus falantes ou como um sistema de normas válidas em relação aos indivíduos agentes, e que não extrai o momento de universalidade contra a singularidade, mas permite entre ambas um liame próprio. No *medium* desse universal, que Hegel chama por essa razão de universal concreto, os indivíduos particulares podem se identificar uns com os outros e, ao mesmo tempo, conservarem-se reciprocamente como não idênticos. A ideia original de Hegel consiste em não podermos compreender o eu como autoconsciência senão na qualidade de espírito, isto é, se passa da subjetividade à objetividade de um universal, no qual os sujeitos que se sabem como não idênticos são associados com base na reciprocidade. E justamente porque o eu é identidade do universal e do singular no sentido preciso que acabamos de explicitar, um recém-nascido que no seio materno se apresenta como um exemplar pré-linguístico da espécie, capaz de ser suficientemente explicado sob o ponto de vista biológico segundo uma combinação de um número finito de componentes, só pode ter sua individuação concebida segundo um processo de socialização [*Sozialisierung*]. E esta, contudo, não deve ser aqui entendida como a inserção em sociedade [*Vergesellschaftung*] de um indivíduo previamente dado, mas é a própria socialização que produz o ser individuado.[6]

II

A *relação ética* é esclarecida pelo jovem Hegel a partir da relação dos amantes entre si: "No amor ainda persiste o separado, não

---

6 Sob esse ponto de vista – de que o processo de individuação só pode ser pensado pela socialização e que esta, por sua vez, implica reciprocamente a individuação dos sujeitos – Émile Durkheim desenvolve as bases de uma teoria sociológica da ação já em sua primeira grande obra, *De La division du travail social*, de 1893.

Técnica e ciência como "ideologia"

mais como separado – mas sim como uno, e o vivente sente o vivente".[7] No segundo curso de Jena, Hegel explica o amor como o conhecer que se conhece em um outro. E dessa união dos diferentes resulta um saber caracterizado por um "duplo sentido":

> Cada um é igual ao outro justamente ali onde a ele se contrapõe. Seu distinguir-se do outro é por isso um igualar-se com ele. E é conhecimento justamente na medida em que [...] sua oposição a ele se transforma em igualdade para si mesmo, ou porque sabe a si mesmo tal como se enxerga no outro.[8]

No entanto, Hegel não explicita a relação do conhecer-se-no-outro, da qual depende o conceito do eu como identidade do universal e do singular, recorrendo imediatamente às relações de intersubjetividade, nas quais se encontra assegurado o acordo complementar de cada um dos sujeitos que se contrapõem entre si. Ao invés disso, ele apresenta o amor muito mais como resultado de um movimento, como reconciliação de um conflito prévio. O sentido próprio de uma identidade do eu que repousa no reconhecimento recíproco apenas se revela sob o ponto de vista da relação dialógica de associação complementar entre sujeitos opostos, a qual representa ao mesmo tempo uma relação lógica *e* da vida prática. Isso se manifesta na dialética da relação ética que Hegel desenvolve sob o título de *luta por reconhecimento*. Ela reconstrói a opressão e a restauração da situação de diálogo como uma relação ética. Neste movimento, que só pode ser chamado de dialético, as relações

---

7 Hegel, *Jugendschriften*, p.379.
8 Id., *Realphilosophie II*, p.201.

lógicas de uma comunicação distorcida pela violência exercem elas próprias uma violência prática. Apenas o resultado desse movimento suprime a violência e produz a não coercibilidade [*Zwanglosigkeit*] do conhecer-se-no-outro dialógico: o amor como reconciliação. O dialético não é a própria intersubjetividade sem coerções, mas a história de sua opressão e de seu restabelecimento. A distorção da relação dialógica se estabelece sob a causalidade de símbolos dissociados e de relações lógicas reificadas, isto é, subtraídas ao contexto comunicativo, cuja validade e exercício se cumprem por trás das costas dos sujeitos da interação. O jovem Hegel fala de uma causalidade do destino.

Ele demonstra tal causalidade no fragmento sobre o *espírito do cristianismo* com o exemplo do castigo que recai sobre aquele que destrói uma totalidade ética. O "criminoso" que suprime a base ética, isto é, a complementaridade de uma comunicação sem coerções e a satisfação recíproca de interesses, ao se colocar como singular no lugar da totalidade, põe em marcha o processo de um destino que acaba se voltando contra ele. A luta desencadeada pelos partidos em conflito e a hostilidade frente ao outro lesado e oprimido fazem sentir a complementaridade perdida e a amabilidade que se foi. O criminoso é confrontado pelo poder de uma vida deficiente. E assim experimenta sua culpa. O culpado tem de sofrer sob o poder, por ele mesmo provocado, de uma vida reprimida e solitária até que experimente, na repressão da vida alheia, a carência da sua própria e, na rejeição da vida alienada, a alienação de si mesmo. Na causalidade do destino opera o poder da vida oprimida, a qual só pode reconciliar-se quando surge a nostalgia do perdido a partir da experiência de negatividade da vida cindida, obrigando as partes a identificarem, na existência alheia combatida, a sua própria existência negada. Então, os dois partidos reconhecem a condição empedernida que mantêm entre si como o resultado da desagregação e abstração do contexto comum de suas vidas – e na relação dialógica do conhecer-se-no-outro experimentam o fundamento comum de sua existência.

Nas lições de Jena, a dialética da luta por reconhecimento encontra-se desvinculada do contexto do "crime"; o ponto de partida ali é a fragilidade da relação entre sujeitos que alojam a totalidade de seu ser na singularidade de uma posse alcançada por meio do próprio trabalho. A luta por reconhecimento é assim travada como uma luta de vida ou morte. A autoafirmação abstrata das partes que se desprezam mutuamente é dissolvida na medida em que os combatentes arriscam suas vidas, suprassumindo assim sua singularidade estendida à totalidade:

> Aquilo que nós conhecemos, isto é, que a consciência total reconhecida apenas existe por meio de seu suprassumir, é agora um conhecimento dessa própria consciência: ela mesma faz essa reflexão de si em si mesma, segundo a qual a totalidade particular, ao querer ser e se manter enquanto tal, sacrifica a si mesma absolutamente, suprassume-se, fazendo com isso o contrário daquilo que pretende. Ela somente pode ser enquanto suprassumida; não pode se manter como existente, mas apenas como algo posto pela suprassunção.[9]

O destino se cumpre perante os combatentes não exatamente como castigo para o criminoso, mas sim como a negação de

---

9 Id., *Realphilosophie* I, p.230.

uma autoafirmação desgarrada do contexto ético. O resultado não é o imediato conhecer-se no outro, a reconciliação, mas uma atitude dos sujeitos entre si baseada no reconhecimento recíproco – isto é, baseada no conhecimento de que a identidade do eu só é possível através da identidade do outro que reconhece a mim, identidade que, por sua vez, depende de meu reconhecimento.[10] Hegel chama isso de salvação absoluta da singularidade, isto é, sua existência como um eu na identidade da singularidade e da universalidade:

> Esse ser da consciência que, como totalidade particular, é como uma totalidade que abandonou a si mesma, se vê, justamente por esse abandono, em uma consciência distinta. [...] Em todas as outras consciências essa totalidade é o que de forma imediata é para si mesma, ao ser em um outro – uma totalidade suprassumida; com isso a singularidade é absolutamente salva.[11]

O conceito hegeliano de eu como a identidade do universal e do singular é dirigido contra aquela unidade abstrata da consciência pura que se refere a si mesma, a qual caracteriza a apercepção originária e na qual Kant havia fixado a identidade da consciência em geral. Contudo, a experiência fundamental da dialética que Hegel desenvolve no conceito de eu deriva,

---

10 G. H. Mead, em sua obra póstuma *Mind, Self and Society* (1934), renova, de acordo com os pressupostos naturalistas do pragmatismo, a ideia de Hegel segundo a qual a identidade do eu apenas pode se constituir através do exercício de papéis sociais, isto é, na complementaridade de expectativas de comportamento sobre a base do reconhecimento recíproco.

11 Hegel, *Realphilosophie* I, p.230.

como vemos, não do campo de experiências da consciência teórica, mas sim da consciência prática. Por isso, as consequências que essa nova abordagem possui para a crítica à Kant são extraídas por Hegel, primeiramente, em uma crítica à doutrina dos costumes.

Por compreender a autoconsciência a partir do contexto de interação em que se desenvolvem ações complementárias, isto é, como resultado de uma luta por reconhecimento, Hegel é levado a considerar o conceito de vontade autônoma, o qual atribui dignidade própria à filosofia moral kantiana, como uma abstração da relação ética peculiar de singulares comunicantes. Ao *pressupor* a autonomia em sua filosofia prática, isto é, a propriedade da vontade de ser lei para si mesma, e em sua filosofia teórica a identidade simples e inalterável da autoconsciência, Kant retira a ação ética do campo da moralidade. Ele presume o engajamento preestabelecido entre sujeitos da ação como seu caso-limite. E esse engajamento prévio dos agentes no âmbito de uma intersubjetividade sem rupturas retira da doutrina dos costumes o problema da eticidade, a saber, a harmonização de uma intersubjetividade cindida entre a sobreidentificação e a perda da comunicação.[12] Kant designa a ação moral segundo o princípio de "não agir segundo outra máxima além daquela que também possa ter a si mesma por objeto enquanto lei universal".[13] A universalidade das leis morais implica nesta passagem não apenas o compromisso intersubjetivo de modo amplo, mas *a* forma abstrata da validade geral vinculada a um consenso *a priori*. Ao examinar a validade de suas próprias máxi-

---

12 Cf. Heinrich, *Von der Schwierigkeit Nein zu sagen.*
13 Kant, *Grundlegung zur Metaphisik der Sitten,* p.98.

mas de ação como princípios de uma legislação universal, cada sujeito particular tem de *vinculá-las* a todos os demais sujeitos como máximas igualmente obrigatórias para todos:

> Não é suficiente atribuir liberdade à nossa vontade [...] se não temos razão suficiente para vinculá-la à liberdade de todos os seres racionais. Pois assim como a moralidade [*Sittlichkeit*] serve para nós como lei pelo simples fato de sermos racionais, então tem de valer também para todos os seres racionais.[14]

As leis morais são abstratamente universais no sentido que, ao valer para mim como gerais, têm de ser pensadas *eo ipso* como válidas para todos os seres racionais. Por isso, a interação se resolve sob tais leis nas ações de sujeitos solitários e autossuficientes, os quais têm que agir como se fosse cada um a única consciência existente e, ao mesmo tempo, poder ter a certeza de que todas as suas ações que cumprem leis morais concordam necessariamente e de antemão com todas as ações morais de todos os demais sujeitos possíveis.

A intersubjetividade que acompanha a validade das leis morais, admitida *a priori* pela razão prática, permite a redução da ação ética à ação monológica. A relação positiva da vontade com as vontades dos outros é destituída de comunicação possível, sendo substituída pela concordância transcendentalmente necessária de ações teleológicas isoladas que se adéquam a leis universais abstratas. Neste ponto, a ação moral no sentido kantiano apresenta-se, *mutatis mutandis*, como um caso especial do que hoje chamamos ação estratégica.

---

14 Ibid., p.100 et seq.

Técnica e ciência como "ideologia"

A *ação estratégica* se diferencia das *ações comunicativas* desempenhadas a partir de tradições comuns na medida em que as decisões sobre possibilidades de escolhas alternativas podem e têm de ser tomadas de forma fundamentalmente monológica, isto é, sem um entendimento *ad hoc* entre parceiros da interação, já que as regras de preferência e as máximas que vinculam o comportamento de cada um dos atores são eleitas de antemão. Toda a intersubjetividade que acompanha a validade das regras do jogo pertence aqui à definição da situação de jogo, da mesma forma que, no nível transcendental da doutrina dos costumes de Kant, a validade *a priori* das leis morais era garantida pela razão prática. Em ambos os casos são eliminados os problemas da eticidade, os quais apenas podem aflorar no contexto de uma comunicação harmônica e de uma intersubjetividade formada sobre a base do reconhecimento recíproco, a qual encontra-se sempre em risco. Do ponto de vista moral, temos que deixar fora de consideração a relação ética no sentido de Hegel e ignorar que os sujeitos encontram-se entrelaçados em *processos de formação* no interior de seus contextos de interação. Temos de ignorar o que ocorre no curso dialético de uma comunicação sujeita à violência e aquilo do que ela resulta; melhor dizendo, temos de fazer abstração, primeiramente, das consequências concretas e dos efeitos colaterais das ações identificadas por sua intenção moral; além disso, fazer abstração das inclinações e dos interesses particulares, do "bem" pelo qual é motivada a ação moral e ao qual ela pode servir objetivamente; e finalmente, da matéria do dever, a qual só se determina no interior de uma situação dada.[15] Essa tripla abstração é o que se critica na

---

15 Hegel, *Enzyklopädie*, p.504 et seq.

49

frase do jovem Hegel: "enquanto as leis forem aquilo de mais elevado [...] o individual haverá de ser sacrificado ao universal, isto é, haverá de ser morto".[16]

III

Uma vez que Hegel não vincula a constituição do eu à reflexão de um eu solitário sobre si mesmo, mas a compreende a partir dos processos de sua formação, isto é, como um acordo comunicativo alcançado entre sujeitos opostos, o decisivo não é a reflexão como tal, mas o *medium* com que se produz a identidade do universal e do singular. Hegel fala também do "meio" através do qual a consciência ganha existência. De acordo com as considerações feitas até aqui, podemos esperar que Hegel introduza a ação comunicativa como o *medium* para o processo de formação do espírito autoconsciente. E ele de fato apresenta nas lições de Jena – com o exemplo da convivência de um grupo primário, isto é, da interação no interior da família – o instituto do "bem de família" como meio existente de formas recíprocas de comportamento. Só que junto à "família" encontram-se outras duas categorias desenvolvidas como meios do processo de formação: a linguagem e o trabalho. O espírito é uma organização de meios cooriginários: "Essa primeira existência concatenada – a consciência como meio – é seu ser como linguagem, como instrumento e como bem (de família), ou como simples ser-uno: memória, trabalho e família".[17] Entretanto, esses três tipos dialéticos básicos são

---

16 Id., *Jugendschriften*, p.278.
17 Id., *Realphilosophie* I, p.205.

heterogêneos; a linguagem e o trabalho, como meios do espírito, não podem ser propriamente atribuídos à experiência da interação e do reconhecimento recíproco.

A *linguagem* não abrange aqui a comunicação de sujeitos que interagem e convivem, mas significa simplesmente o emprego simbólico do indivíduo solitário que se vê confrontado pela natureza e dá nome às coisas. Na intuição imediata, o espírito ainda é animalesco. Hegel fala da produção noturna da imaginação representativa, do reino flutuante e ainda não organizado das imagens. Apenas com a linguagem e na linguagem a consciência e o ser da natureza se diferenciam para a própria consciência. O espírito que dorme acorda de seu sonho quando o reino da imagem é traduzido ao reino dos nomes. O espírito desperto tem memória: ele pode distinguir e ao mesmo tempo reconhecer o que foi distinguido. Hegel vê na representação, de acordo com o ensaio premiado de Herder, a atividade própria do símbolo: a síntese da diversidade vincula-se à função representativa de características que permitem a identificação dos objetos. A nomeação e a memória são dois lados da mesma coisa: "A ideia desta existência da consciência é a memória, e sua existência mesma é a linguagem".[18]

O símbolo tem, como nome de coisas, uma dupla função. Por um lado, a força da representação consiste em tornar presente algo não imediatamente dado em um outro que, embora imediatamente dado, não se coloca por si mesmo, mas apenas porque ocupa o lugar de outro. O símbolo representativo indica um objeto ou um estado de coisas como um outro e o designa em seu significado para nós. Por outro lado, produ-

---

18 Ibid., p.211; cf. Löwith, Hegel und die Sprache, p.97 et seq.

zimos nós mesmos nossos próprios signos. Por seu meio, a consciência falante faz a si mesma objetiva e experimenta-se como um sujeito. Essa relação de redescoberta do sujeito na linguagem também já havia sido analisada por Herder. Para que a natureza possa constituir a si mesma em um mundo do eu, a linguagem tem de cumprir, portanto, uma dupla mediação: por um lado, a dissolução e conservação da coisa intuída em um símbolo que a representa; por outro, um distanciamento da consciência em relação a seus objetos, no qual o eu, por meio dos símbolos que ele mesmo criou, encontra-se ao mesmo tempo nas coisas e em si mesmo. Assim, a linguagem é a primeira categoria sob a qual o espírito é pensado não como algo interior, mas como um *medium* que não se encontra propriamente nem dentro nem fora. O espírito, pois, apresenta-se aqui como o *logos* de um mundo e não como a autorreflexão de uma consciência solitária.

Hegel chama de *trabalho* o modo específico de satisfação dos instintos que distingue a natureza dos espíritos existentes. Assim como a linguagem rompe o ditado da intuição imediata e organiza o caos da diversidade de sensações em coisas identificáveis, o trabalho rompe o ditado do desejo imediato e, por assim dizer, suspende o processo de satisfação dos instintos. E tal como os símbolos linguísticos, os instrumentos são aqui apontados como o meio existente segundo o qual são sedimentadas as experiências generalizadas daqueles que trabalham com seus objetos. O nome é aquilo que permanece diante do momento efêmero das percepções; do mesmo modo, o instrumento é o universal frente ao momento evanescente dos desejos e dos prazeres: o instrumento "é aquilo no que o trabalho tem sua permanência, o que remanesce de quem trabalha e do que é trabalhado e aquilo no que sua contingência se perpetua; ele se propaga nas tradições na medida em que tanto o desejante quanto o desejado subsistem e perecem apenas como indivíduos".[19] Os símbolos permitem a redescoberta do mesmo; os instrumentos retêm as regras conforme as quais a sujeição dos processos naturais pode ser repetida tanto quanto se queira: "A subjetividade do trabalho é elevada no instrumento a um universal; todos podem reproduzi-lo e trabalhar da mesma maneira; é, assim, a regra perene do trabalho".[20]

Sem dúvida, a *dialética do trabalho* opera uma mediação entre sujeito e objeto distinta da *dialética da representação*. Inicialmente, não encontramos aqui a submissão da natureza a símbolos autoproduzidos, mas, de modo inverso, a submissão do sujeito ao poder da natureza exterior. O trabalho requer a suspensão da satisfação imediata dos instintos; ele transmite as energias produtivas ao objeto trabalhado sob leis que a natureza impõe ao eu. Sobre esse duplo aspecto, Hegel fala que no trabalho o sujeito se transforma em coisa: "O trabalho é por este lado um converter-se-em-coisa. A cisão do eu instintual [em uma instância do eu que controla a realidade, de um lado, e nas pretensões instintivas reprimidas, de outro] é justamente este converter-se-em-objeto".[21] Por meio da submissão da causalidade natural, surge nos instrumentos o resultado de uma experiência através da qual posso, inversamente, fazer a natureza trabalhar para mim. A consciência, ao obter com as regras técnicas resultados antes imprevistos de seu trabalho, regressa

---

19 Hegel, *Realphilosophie* I, p.221.
20 Id., System der Sittlichkeit, p.428.
21 Id., *Realphilosophie* II, p.197.

a si mesma de sua coisificação e o faz como uma consciência astuta que, na ação instrumental, é capaz de voltar contra a própria natureza a experiência adquirida em seu contato com os processos naturais: "Aqui o instinto se retira completamente do trabalho. Deixa que a natureza trabalhe a si mesma; observa-a tranquila e dirige o todo com o menor esforço: astúcia. A amplidão de seu poder é combatida pelo aguilhão da astúcia".[22]

O instrumento é, assim, do mesmo modo que a linguagem, categoria daquela mediação pela qual o espírito chega à existência. Mas esses dois movimentos correm em sentidos contrários. A *consciência nomeadora* alcança perante a objetividade do espírito uma posição distinta que a da *consciência astuta*, que surge dos processos do trabalho. Apenas no caso limite de uma convencionalização, o falante pode se relacionar com seus símbolos de forma similar àquela do trabalhador com seus instrumentos; os símbolos da linguagem corrente penetram e dominam a consciência perceptiva e pensante, enquanto que a consciência astuta coloca os processos naturais à sua disposição por meio dos instrumentos. A objetividade da linguagem conserva seu poder sobre o espírito subjetivo, enquanto que a superação astuta da natureza sobre o poder do espírito objetivo amplia a liberdade subjetiva – pois, ao final, o processo de trabalho também termina com a satisfação mediada pelos bens de consumo produzidos, bem como pela modificação produzida retroativamente na interpretação das próprias necessidades.[23]

---

22 Ibid., p.199.

23 A *Lógica* de Hegel não apresenta nenhuma categoria adequada para essa relação, que de forma alguma corresponde à teleologia do espírito que se realiza a si mesmo.

Técnica e ciência como "ideologia"

Esses três modelos de relação dialética entre sujeito e objeto, desenvolvidos por Hegel nas lições de Jena, contrapõem ao eu abstrato de Kant os processos de formação de uma identidade em vir a ser, relativos à consciência nomeadora, à consciência astuta e à consciência reconhecida. Nesse sentido, a crítica à moralidade corresponde a uma crítica da cultura. Na doutrina do método da faculdade teleológica de julgar,[24] Kant trata a cultura como fim último da natureza, na medida em que a entendemos como um sistema teleológico. Kant chama de cultura a criação empreendida pelas competências de um ser racional para obtenção de quaisquer fins em geral. Subjetivamente, isso significa a habilidade para a escolha racional dos meios adequados à realização de fins; objetivamente, a cultura nos é apresentada como o conjunto das formas de disposição técnica sobre a natureza. Assim como a moralidade é representada por uma atividade teleológica segundo máximas puras, as quais abstraem a inserção do sujeito ético em uma intersubjetividade resultante do processo de formação, Kant concebe também a cultura como uma atividade teleológica que opera agora segundo regras técnicas (isto é, segundo imperativos condicionados), as quais também abstraem o envolvimento dos sujeitos nos processos de trabalho. O *eu cultivado*, ao qual Kant atribui a capacidade para a ação instrumental, Hegel o concebe contrariamente como um resultado do processo de trabalho, vale dizer, como um resultado do trabalho social que se transforma no curso da história universal. Por isso, Hegel nunca deixa de fazer indicações nas elaborações da filosofia do espírito de Jena sobre o curso que toma a consciência astuta,

---

24 Kant, *Kritik der Urteilskraft* B, p.388 et seq.

resultado da utilização de instrumentos, na medida em que o trabalho se torna mecanizado.[25]

O que vale para a consciência moral e a consciência técnica vale analogamente para a consciência teórica. A dialética da representação por meio de símbolos linguísticos se dirige contra a noção kantiana de operações sintéticas de uma consciência transcendental abstraída de todo o processo de formação. Pois a crítica abstrata do conhecimento concebe a relação das categorias e das formas de intuição como material da experiência, como mostram as expressões que seguem o modelo da atividade artesanal já introduzido por Aristóteles, segundo o qual um sujeito, ao trabalhar, dá forma à matéria. Entretanto, se a síntese

---

25 "O instrumento como tal liberta o homem de sua aniquilação material; mas ainda assim permanece sendo [...] sua atividade [...] Na máquina, entretanto, o homem suprime esta sua atividade formal e faz a máquina trabalhar para ele. Mas esta trapaça que exerce contra a natureza [...] volta-se contra ele mesmo; o que ele lhe tira, quanto mais a subjuga, tanto mais ele se rebaixa. Quando ele faz a natureza trabalhar com toda variedade de máquinas, não suprime a necessidade de seu próprio trabalho, mas apenas a adia, distancia da natureza, dirigindo-se a ela não de modo vívido como ser vivente; essa vivacidade negativa se lhe esvanece e o trabalho mesmo que lhe resta torna-se maquinal" (Hegel, *Realphilosophie* I, p.237). Entretanto, o progresso técnico foi muito além dessa etapa primitiva do tear mecânico. A etapa em que nos encontramos se diferencia pela condução autorregulativa dos sistemas de ação racional com relação a fins; e é incerto se a astúcia dessa consciência não se verá sobrepujada algum dia por máquinas capazes de executar as próprias operações da consciência – e isso mesmo no caso do trabalhador que, ao subtrair-se do controle, não tiver que pagar pelo crescente poder de disposição técnica o preço que, até agora, teve de pagar com a moeda do trabalho alienado, e o próprio trabalho tornar-se obsoleto.

do múltiplo é resultado não somente da imposição de formas categoriais, mas encontra-se primariamente vinculada à função representativa de símbolos autoproduzidos, então a identidade do eu não pode preceder nem os processos de conhecimento, nem tampouco os processos de trabalho e de interação, que é de onde surge a consciência astuta e reconhecida. A identidade da consciência cognoscente, assim como a objetividade dos objetos conhecidos, apenas se forma com a linguagem, na qual é possível a síntese dos momentos separados do eu e da natureza como um mundo do eu.

IV

Kant parte da identidade do eu como unidade originária da consciência transcendental. Contrariamente a isso, Hegel deixa-se guiar pela experiência fundamental do eu como identidade do universal e do singular até a ideia de que a identidade da autoconsciência não pode ser entendida como algo originário, mas tão somente como um vir a ser. Hegel desenvolve nas lições de Jena a tripla identidade da consciência nomeadora, da consciência astuta e da consciência reconhecida. Essas identidades se formam na dialética da representação, do trabalho e da luta por reconhecimento, desmentindo assim aquelas unidades abstratas da vontade prática, da vontade técnica e da inteligência, com as quais iniciam a *Crítica da razão prática* e a *Crítica da razão pura* de Kant. Desse ponto de vista, podemos de fato entender a *Filosofia do espírito* de Jena como um trabalho preparatório para a *Fenomenologia*, pois a radicalização da crítica do conhecimento na qualidade de ciência da consciência fenomênica consiste justamente no abandono do ponto de partida de um sujeito do conhecimento já "pronto". Um ceticismo que não preserva a crítica da dúvida e do desespero e que dá impulso à reflexão, isto é, persegue a aparência até a inversão da própria consciência, exige um início radical também no sentido de abandonarmos a distinção fundamental entre razão teórica e razão prática, entre enunciados descritivos verdadeiros e decisões normativamente corretas e, principalmente, exige começarmos sem pressupor padrões definidos — muito embora esse começo teoricamente isento de pressupostos não possa justamente ser um começo absoluto, mas tem de reportar-se à consciência natural. Mas se daqui voltamos nosso olhar para a *Filosofia do espírito* de Jena, coloca-se acima de tudo a questão acerca da *unidade de um processo de formação* determinado de saída por *três modelos de formação heterogêneos*. O problema da concatenação dessa organização de meios mostra-se particularmente premente ao lembrarmos a história dos efeitos da filosofia de Hegel em atenção à concorrência de suas diferentes interpretações, as quais elegem, cada uma delas, um dos três tipos dialéticos fundamentais como princípio de interpretação. *Cassirer* toma a dialética da representação como fio condutor de uma interpretação hegelianizante de Kant, a qual se apresenta simultaneamente como fundamento de uma filosofia das formas simbólicas; *Lukács* interpreta o movimento de pensamento que separa Hegel de Kant com base no fio condutor de uma dialética do trabalho, a qual abarca a unidade materialista entre sujeito e objeto em um processo de formação da espécie que cobre toda a história universal; finalmente, o neo-hegelianismo de alguém como *Theodor Litt* conduz a uma concepção de autoascendência do espírito que segue o modelo da dialética da

Técnica e ciência como "ideologia"

luta pelo reconhecimento. É comum a essas três posições o método praticado pelos jovens hegelianos de uma apropriação de Hegel que abandona a identidade entre espírito e natureza requerida no saber absoluto. De resto, entretanto, essas interpretações têm tão pouco em comum que apenas testemunham a divergência das três abordagens, isto é: das concepções da dialética que lhes dão fundamento. Como podemos pensar, afinal, a unidade de um processo de formação que segundo as lições de Jena percorre a dialética da linguagem, do trabalho e da interação?

Sob o título de *linguagem*, Hegel introduz o justo emprego de símbolos representativos como primeira determinação do espírito abstrato, já que as duas determinações seguintes a pressupõem necessariamente. Na dimensão do espírito efetivo, a linguagem ganha existência como sistema de uma determinada tradição cultural:

> A linguagem existe apenas como linguagem de um povo [...] Ela é um universal, reconhecido em si, que repercute na consciência de todos; cada consciência falante se transforma imediatamente em outra consciência no interior da linguagem. No que se refere a seu conteúdo, igualmente, apenas em um povo ela se converte em linguagem verdadeira, isto é, na expressão daquilo que cada um pensa.[26]

Como tradição cultural a linguagem penetra na ação comunicativa; pois apenas as significações intersubjetivamente válidas e constantes criadas pela tradição permitem orientações

---

26 Id., *Realphilosophie* I, p.235.

baseadas na reciprocidade, isto é, expectativas de comportamento complementárias. Dessa forma, a interação depende de comunicações linguísticas habituais. E também a ação instrumental, na medida em que compõe a categoria do espírito efetivo como trabalho social, está inserida em uma rede de interpretações, dependendo por isso de condições comunicativas marginais que permeiam toda cooperação possível. E mesmo que se faça abstração do trabalho social, o próprio ato solitário da utilização de um instrumento já se vê na dependência do uso de símbolos, pois não se pode romper a imediatidade da satisfação animal dos instintos sem um distanciamento da consciência nomeadora com respeito aos objetos identificáveis. Ainda assim, a ação instrumental, como ação solitária, permanece sendo uma ação monológica.

Entretanto, mais interessante e de modo algum tão explícito quanto esse vínculo entre a utilização de símbolos linguísticos com a interação e o trabalho é a relação que estabelecem entre si as duas outras determinações do espírito abstrato: *a relação entre trabalho e interação*. Por um lado, as normas sob as quais as ações complementares são institucionalizadas e ganham durabilidade no âmbito de tradições culturais mostram-se independentes da ação instrumental. Certamente, as regras técnicas só se formam sob as condições da comunicação linguística, mas elas não possuem nada em comum com as regras comunicativas da interação. Os imperativos condicionados – aos quais obedece a ação instrumental e que, por sua vez, resultam do âmbito de experiências da razão instrumental – são suscetíveis apenas à causalidade da natureza, mas não à causalidade do destino. Dessa forma, não podemos nem reduzir a interação ao trabalho, nem derivar o trabalho da interação. Por outro

Técnica e ciência como "ideologia"

lado, entretanto, Hegel estabelece uma conexão entre os *processos de trabalho* e as *normas jurídicas*, nas quais é formalmente constituído pela primeira vez um intercâmbio social baseado no reconhecimento recíproco.

Sob a categoria de espírito efetivo, as interações baseadas na reciprocidade aparecem na forma de um intercâmbio juridicamente regulado entre pessoas cujo *status* de pessoa de direito define-se diretamente pela institucionalização do reconhecimento recíproco. Esse reconhecimento, no entanto, não se refere imediatamente à identidade do outro, mas às coisas sujeitas a seu poder de disposição. A efetividade institucional da identidade do eu significa que os indivíduos se reconhecem mutuamente como proprietários em suas posses produzidas pelo trabalho ou adquiridas pela troca: "Não estão postos aqui somente meus pertences e minha propriedade, mas minha pessoa ou isto na medida em que meu todo repousa no meu ser-aí: honra e vida".[27] Honra e vida, entretanto, são reconhecidas apenas na inviolabilidade da propriedade. A posse como substrato do reconhecimento jurídico resulta dos processos do trabalho. Assim, no produto reconhecido do trabalho encontram-se vinculadas a ação instrumental e a interação.

Nas lições de Jena, essa conexão é construída por Hegel de modo absolutamente simples. No sistema do trabalho social são assentadas a divisão dos processos de trabalho e a troca de seus produtos. E por meio destas chega-se a uma universalização tanto do trabalho quanto das necessidades. Pois o trabalho de cada um, no que se refere a seu conteúdo, é algo universal para as necessidades de todos. O trabalho abstrato produz bens

---

27 Id., *Realphilosophie* II, p.221.

para necessidades abstratas, fazendo com que o bem produzido receba seu valor abstrato como valor de troca. O dinheiro é seu conceito existente. A troca de equivalentes fornece o modelo de comportamento recíproco. A forma institucional da troca é o contrato, o qual estabelece, por conseguinte, a fixação formal de uma ação prototípica baseada na reciprocidade. O contrato "é o mesmo que a troca, mas a troca ideal. Uma troca de declarações, não de coisas, mas que vale tanto quanto a coisa. Ambas valem como a vontade do outro enquanto tal".[28] A institucionalização da reciprocidade efetivada na troca é resultado da força normativa contida na palavra dada por cada um; a ação complementar é mediada por símbolos que fixam expectativas de comportamento obrigatórias:

> Minha palavra tem que valer não por razões morais, isto é, que eu permaneça igual em minha interioridade, que não mude minha disposição, minhas convicções etc., mas que eu possa efetivamente vir a modificá-las; minha vontade existe aqui apenas enquanto vontade reconhecida. Eu contradigo não somente a mim mesmo, mas o fato de minha vontade ser reconhecida [...] A pessoa, o puro ser para si, não é respeitado como uma vontade particular separada da vontade comum, mas apenas como vontade comum.[29]

A relação de reconhecimento recíproco, sobre a qual repousa a interação, torna-se normatizada enquanto tal pela institucionalização da reciprocidade contida no intercâmbio dos produtos do trabalho.

---

28 Ibid., p.218.
29 Ibid., p.219 et seq.

Técnica e ciência como "ideologia"

A institucionalização da identidade do eu, isto é, a autoconsciência sancionada juridicamente, é entendida como resultado de *ambos* os processos: do *trabalho* e da *luta por reconhecimento*. Os processos de trabalho, pelos quais nos libertamos do ditado do poder imediato da natureza, inscrevem-se de tal modo na luta por reconhecimento que, no resultado mesmo desta luta, isto é, na autoconsciência reconhecida juridicamente, também é mantido o momento da libertação pelo trabalho. Hegel associa trabalho e interação sob o ponto de vista da emancipação contra o poder da natureza, tanto externa quanto interna. Ele não reduz a interação ao trabalho, nem suprassume o trabalho na interação; mas tem em vista sim uma conexão entre ambos, na medida em que a dialética do amor e da luta não pode ser dissociada dos êxitos da ação instrumental e da constituição da consciência astuta. O resultado da libertação pelo trabalho penetra as normas sob as quais atuamos de forma complementar.

No entanto, Hegel desenvolveu *in extenso* apenas uma vez essa conexão dialética entre trabalho e interação em um capítulo da *Fenomenologia do espírito*, retomando um raciocínio presente no *Sistema da eticidade*:[30] a relação de reconhecimento unilateral do senhor pelo escravo é invertida pelo poder de disposição sobre a natureza que o escravo alcança, de modo igualmente unilateral, pela via de seu trabalho. A autoconsciência independente, na qual ambas as partes reconhecem que se reconhecem mutuamente, é constituída pela repercussão que o êxito *técnico* de uma emancipação alcançada por meio do trabalho possui sobre a relação de dependência *política* entre o senhor e o escravo. Certamente que essa relação entre dominação e servidão se ins-

---

30 Id., System der Sittlichkeit, p.442.

tala na filosofia do espírito subjetivo para além da *Fenomenologia*. Na *Enciclopédia*,[31] essa relação assinala a passagem à consciência de si universal, conduzindo com isso a "consciência" ao "espírito". Entretanto, já na *Fenomenologia* a peculiar dialética entre trabalho e interação havia perdido o lugar que possuía em Jena no interior do sistema.

Isso se explica pelo fato de Hegel ter abandonado muito cedo a sistemática dessas lições e tê-la substituído por uma divisão enciclopédica em espírito subjetivo, espírito objetivo e espírito absoluto. Enquanto em Jena a linguagem, o trabalho e a ação baseada na reciprocidade eram não apenas etapas do processo de formação do espírito, mas princípios de sua constituição mesma, na *Enciclopédia*, linguagem e trabalho, que antes representavam modelos de construção do movimento dialético, constituem tão somente relações reais [*Realverhältnisse*] de caráter subordinado: a linguagem é encontrada na filosofia do espírito subjetivo em uma longa nota situada na passagem da imaginação à memória (§ 459), enquanto que o trabalho desaparece absolutamente como ação instrumental, passando a caracterizar, como trabalho social, uma etapa importante no desenvolvimento do espírito objetivo sob o título de sistema das necessidades (§ 524). Apenas a dialética das relações éticas manteve na *Enciclopédia* seu lugar na construção do espírito enquanto tal. Um olhar mais atento, entretanto, permite-nos ver que nela já não é possível reconhecer a dialética do amor e da luta, mas sim uma dialética como movimento da eticidade absoluta, que Hegel desenvolve em seu estudo sobre o *direito natural*.

---

31 Id., *Enzyklopädie*, §433 et seq.

V

Buscamos até aqui a unidade do processo de formação do espírito em uma conexão dos três tipos fundamentais de dialética, a saber, nas relações entre representação simbólica, trabalho e interação. Essa conexão peculiar ainda aparece nas relações de dominação e servidão, embora de modo limitado a uma só etapa, e não volta a ser trabalhada posteriormente. Ela se encontra ligada a uma sistemática que Hegel parece ter utilizado apenas no período de Jena. Além disso, mesmo nas lições de Jena já podemos encontrar uma tendência que nos permite entender por que a conexão específica entre trabalho e interação vai perdendo sua importância. Pois já em Jena Hegel parte daquela identidade absoluta do espírito com a natureza, a qual antecipa de uma determinada maneira a unidade do processo de formação do espírito. Quer dizer, Hegel não constrói nas lições de Jena a passagem da filosofia da natureza para a filosofia do espírito de um modo diferente daquele realizado na *Enciclopédia*: o espírito tem na natureza sua completa objetividade externa, encontrando sua identidade, assim, na suprassunção dessa exterioridade. O espírito é, por conseguinte, o absolutamente primeiro da natureza: "O *revelar* que [...] é *vir a ser* da natureza é, enquanto o revelar do espírito que é livre (na história), um *pôr* da natureza como *seu* mundo; um pôr que, como reflexão, é ao mesmo tempo o *pressupor* do mundo como natureza independente".[32]

Hegel já interpretava em termos idealistas a dialética da representação simbólica e do trabalho sob os pressupostos

---

32 Ibid., §348.

dessa tese da identidade: com o nome exprimimos o ser dos objetos, assim como é suprassumido com o instrumento aquilo que a natureza é em verdade. O interior da natureza é o espírito mesmo, porque apenas em sua essência ela pode ser compreendida e vem a si mesma na contraposição dos homens a ela: o interior da natureza se alastra no reino dos seus nomes e nas regras pelas quais é trabalhada. Mas se no objetivado encontra-se sempre o ocultamente subjetivo e se por trás da máscara dos objetos pode sempre se descobrir a natureza como um recôndito oponente, então podem ser também reduzidos a *um* mesmo denominador os tipo dialéticos básicos da representação simbólica e do trabalho com a dialética da ação ética. Pois a relação do sujeito nomeador e do sujeito trabalhador diante da natureza pode ser igualmente subsumida sob a figura do reconhecimento mútuo. A intersubjetividade, na qual um eu pode se identificar com outro eu sem abandonar a não identidade entre ele e o outro, pode também se produzir na linguagem e no trabalho se o objeto com o qual o sujeito falante e trabalhador se confronta é concebido de antemão, em termos idealistas, como um confrontante [*Gegenüber*] com o qual se estabelece uma interação do tipo que somente é possível entre sujeitos: isto é, se este confrontante é um *oponente* [*Gegenspieler*] e não um *objeto* [*Gegenstand*].

Enquanto consideramos por si mesmas cada uma das determinações do espírito abstrato, subsiste uma diferença específica. A dialética da representação simbólica e do trabalho se desenvolve como uma relação entre, de um lado, o sujeito cognoscente ou agente e, de outro, o objeto entendido como súmula daquilo que não pertence ao sujeito. A mediação dos dois momentos através dos símbolos e dos instrumentos é

Técnica e ciência como "ideologia"

pensada como um processo de exteriorização dos sujeitos — melhor dizendo, como um processo de exteriorização (objetivação) e apropriação. A dialética do amor e da luta, pelo contrário, é um movimento do âmbito da intersubjetividade. No lugar do modelo da exteriorização, por conseguinte, entra um modelo da *cisão* e alienação, e o resultado do movimento não é a *apropriação* do objetivado, mas a *reconciliação*, o restabelecimento da amabilidade destruída. Em contrapartida, a suprassunção idealista da diferença entre objetos como coisas e como oponentes torna possível a uniformização dos modelos heterogêneos: se é possível a interação com a natureza como um sujeito escondido no papel de um outro, os processos de exteriorização e de apropriação coincidem formalmente com os da alienação e reconciliação. Dessa forma, a unidade do processo de formação que se dá pelos meios da linguagem, do instrumento e da relação ética não precisa estar alojada na conexão entre trabalho e interação, embora isso fosse central na *Filosofia do espírito* de Jena, uma vez que, com efeito, a unidade se estabelece preliminarmente na dialética desse conhecer-se-no-outro, segundo a qual a dialética da linguagem e do trabalho podem então convergir com a da eticidade: sob os pressupostos da filosofia da identidade, a heterogeneidade desses modelos revela-se apenas aparente.

A dialética do conhecer-se-no-outro está certamente vinculada a uma interação entre dois oponentes por princípio iguais. Mas essa relação paritária desaparece na medida em que se considera a natureza em sua totalidade como oponente dos sujeitos tomados em conjunto; não se pode verificar aqui um diálogo entre o espírito e a natureza, bem como a opressão da situação de diálogo entre ambos e uma luta por reconhecimento que resulte no estabelecimento da relação ética – o espírito absoluto é solitário. A unidade do espírito absoluto consigo mesmo e com uma natureza da qual se distingue como seu outro não pode ser pensada, em última instância, segundo o modelo da intersubjetividade de sujeitos capazes de fala e ação, do qual Hegel inicialmente extraiu o conceito de eu como identidade do universal e do singular. A unidade dialética entre espírito e natureza, na qual o espírito se conhece na natureza não como em um oponente, mas nela se reencontra como em uma contraimagem de si mesmo, esta unidade pode ser melhor construída a partir da experiência da autorreflexão da consciência. Por conseguinte, Hegel pensa o movimento do espírito absoluto segundo o modelo da autorreflexão, mas de tal modo que nela se insere a dialética da relação ética da qual provém a identidade do universal e do singular: *o espírito absoluto é eticidade absoluta*. A dialética da relação ética, celebrada pelo "criminoso" na causalidade do destino e por aqueles que lutam por reconhecimento, revela-se aqui como o mesmo movimento segundo o qual o espírito absoluto opera sua própria reflexão.

O processo do destino, que nos escritos teológicos de juventude era compreendido sob o ponto de vista dos membros de uma totalidade ética como uma reação dos próprios sujeitos à opressão da relação dialógica, pôde ser reinterpretado posteriormente sob o pano de fundo da autorreflexão como um automovimento da totalidade, o que Hegel faz recorrendo a uma *dialética do sacrifício* desenvolvida já nos primeiros fragmentos:

> Pois a força do sacrifício consiste no intuir e no objetivar do envolvimento com o inorgânico; por meio dessa intuição aquele envolvimento é desfeito, o inorgânico se separa e, ao ser conhecido

Técnica e ciência como "ideologia"

como tal, passa a ser acolhido na indiferença: mas o vivente, ao conhecer no inorgânico uma parte de si e sacrificá-la à morte, reconhece o seu direito ao mesmo tempo em que se purifica dele.[33]

Na cisão da totalidade ética cumpre-se tão somente o destino do absoluto que sacrifica a si mesmo. Segundo esse modelo da eticidade absoluta, que Hegel desenvolve pela primeira vez no ensaio sobre o *Direito natural* como a representação da tragédia do ético, a identidade do espírito com a natureza é concebida como a identidade com seu outro e a dialética da autoconsciência é fundida com a dialética da relação ética. A "lógica" representa meramente a gramática daquela linguagem segundo a qual é escrita a tragédia que o absoluto encena eternamente consigo mesmo: "que o absoluto eternamente dá nascimento a si mesmo na objetividade e, com isso, transpõe a paixão e a morte nesta sua forma, elevando-se de suas cinzas à glória. O divino em sua forma e objetividade tem imediatamente uma dupla natureza, e sua vida é o absoluto ser-um destas naturezas".[34]

No entanto, não encontramos um desenvolvimento contínuo vinculando o ensaio sobre o *Direito natural* à *Grande lógica*. Os estudos de Hegel sobre a economia de sua época encontram-se de tal modo sedimentados nos três fragmentos da *Filosofia do espírito* de Jena aqui discutidos, que o movimento do espírito real não reflete a marcha do sacrifício triunfal do absoluto, mas desenvolve de modo novo as estruturas do espírito como uma inter-relação entre trabalho e interação simbolicamente

---

33 Hegel, *Über die wissenschaftlichen Behandlungsarten des Naturrechts*, p.500.
34 Ibid.

mediada. A dialética do trabalho não se encaixa sem dificuldades ao movimento de um espírito entendido como eticidade absoluta, exigindo por isso uma reconstrução por parte de Hegel. E se essa reconstrução é abandonada após o período de Jena, isso não acontece sem deixar rastros. A posição que o direito abstrato passa a assumir no sistema não deriva imediatamente da concepção do espírito ético, mas reflete os momentos da *Filosofia do espírito* de Jena ali conservados – embora muitos momentos do conceito de direito desenvolvidos ali sejam perdidos na reconstrução posterior.

Apoiando-se na exposição de Gibbon sobre o Império Romano, o âmbito das relações jurídicas formais é entendido até o ensaio sobre *Direito natural* como resultado da decadência daquela eticidade livre que o jovem Hegel havia enxergado na constituição idealizada da pólis grega. Ele escreve ainda em 1802 que o direito privado, que encontra sua primeira forma histórica no direito romano, havia se formado em uma condição de despolitização dos cidadãos, vale dizer, de "corrupção e aviltamento universal": a troca juridicamente regulada entre indivíduos privados é avaliada negativamente como destruição da relação ética. No movimento da eticidade absoluta, o direito pertence a essa fase na qual o ético se envolve com o inorgânico e se sacrifica aos "poderes subterrâneos". Na *Filosofia do espírito* de Jena, diferentemente, a condição jurídica, que se faz caracterizada agora também pelas determinações do moderno direito privado burguês, já não aparece mais como produto da desintegração da eticidade absoluta, mas, ao contrário, como a primeira figura da relação ética constituída. Apenas a troca duradoura, constituída através das normas jurídicas, entre indivíduos que agem de modo complementar converte em instituição a identidade do eu, isto é, a autoconsciência que se conhece em outra autoconsciência. A ação com base no reconhecimento recíproco é garantida apenas pela relação formal entre pessoas jurídicas. Hegel pôde substituir a determinação negativa do direito abstrato por uma positiva porque veio a conhecer a conexão econômica entre o direito privado e a moderna sociedade civil, vendo que nesses títulos jurídicos se consolida também o resultado de uma *libertação mediante o trabalho social*. Em sentido literal, o direito abstrato confirma uma emancipação alcançada por meio do trabalho.[35]

Finalmente na *Enciclopédia*, e na *Filosofia do direito*, o papel do direito abstrato muda mais uma vez seu valor posicional. Ele mantém suas determinações positivas, pois somente no sistema dessas normas gerais a vontade livre pode receber a objetividade da existência externa. A vontade autoconsciente e livre, isto é, o espírito subjetivo em sua etapa mais elevada, surge como pessoa jurídica sob as sólidas determinações do espírito objetivo. Entretanto, vemos ali dissolvida a conexão entre trabalho e interação, à qual o direito abstrato devia sua dignidade; a construção de Jena é abandonada e o direito abstrato integrado a uma autorreflexão do espírito entendido como eticidade absoluta. A sociedade civil passa a ser então apresentada como esfera da eticidade decaída. Apenas ali no dilacerado sistema das necessidades encontram lugar as categorias do trabalho social, da divisão do trabalho e da relação de troca, as quais possibilitam um trabalho abstrato para necessidades abstratas sob condições de um intercâmbio abstrato entre concorren-

---

35 Cf. meu ensaio, Hegels Kritik der französischen Revolution; e meu posfácio a *Hegels politische Schriften*.

tes isolados. Mas embora determine a forma do intercâmbio social, o direito abstrato é introduzido *de fora* sob o título de jurisprudência. Ele se constitui independentemente das categorias do trabalho social e apenas *posteriormente* se relaciona com os processos aos quais era imputado, em Jena, o momento de liberdade como resultado de uma liberação alcançada pelo trabalho social. A dialética da eticidade é responsável apenas pela "transição" da vontade ainda interior para a objetividade do direito. A dialética do trabalho, finalmente, é desprovida do papel central que possuía antes.

VI

Karl Löwith, a quem devemos as mais profundas análises existentes sobre a ruptura espiritual entre Hegel e a primeira geração de seus discípulos,[36] apontou também a afinidade subterrânea entre as posições dos jovens hegelianos e os principais motivos no pensamento do jovem Hegel. Nesse sentido, sem nenhum conhecimento dos manuscritos de Jena, Marx redescobre na dialética entre forças produtivas e relações de produção esse vínculo entre trabalho e interação que havia atraído alguns anos antes o interesse filosófico de Hegel, estimulado por seus estudos de economia. Em uma crítica ao último capítulo da *Fenomenologia do espírito*, Marx sustenta que Hegel assume o ponto de vista da economia política moderna, já que compreende o trabalho como a essência do homem que se comprova. Nos *Manuscritos econômico-filosóficos* encontramos também a esse respeito a famosa frase de que

---

36 Löwith, *Von Hegel zu Nietzsche*; cf. também a introdução de Löwith à coleção de textos *Die hegelsche Linke*.

Técnica e ciência como "ideologia"

o grandioso na fenomenologia hegeliana e seu êxito último [...] é que Hegel concebe a autogeração do homem como um processo; compreende a objetivação como um movimento que envolve a conversão em objeto, a alienação e a suprassunção dessa alienação; é ter captado, portanto, a essência do trabalho e compreendido o homem objetivo, isto é, o homem verdadeiro porquanto real, como resultado de seu próprio trabalho.

O próprio Marx tentou reconstruir sob esse ponto de vista o processo histórico-universal de formação da espécie humana a partir das leis de reprodução da vida social. Ele encontra o mecanismo de transformação do sistema de trabalho social na contradição entre, de um lado, o poder de disposição sobre os processos naturais acumulado através do trabalho e, de outro, o quadro institucional de interações reguladas de maneira naturalizada. No entanto, uma análise mais rigorosa da primeira parte da *Ideologia alemã* demonstra que Marx não explica propriamente a conexão entre trabalho e interação, mas reduz esta àquele sob o rótulo genérico de prática social, quer dizer, submete a ação comunicativa à ação instrumental. A atividade produtiva, que regula as trocas metabólicas da espécie humana com a natureza circundante, estabelece uma mediação do sujeito trabalhador com seus objetos naturais, do mesmo modo como acontecia na *Filosofia do espírito* de Jena em relação ao emprego dos instrumentos; essa ação instrumental se transforma, assim, no paradigma para a criação de todas as categorias; tudo é dissolvido no automovimento da produção.[37] Por esse motivo, mesmo a genial intuição de uma dialética entre forças

---

37 Conferir meu estudo: *Erkenntnis und Interesse*, especialmente o capítulo 3.

produtivas e relações de produção pôde ser mal interpretada facilmente em termos mecanicistas.

Hoje, ao verificarmos a tentativa de reorganizar as relações comunicativas como interações naturais consolidadas segundo o modelo do progresso técnico dos sistemas de ação racional com relação a fins, temos razões suficientes para manter estritamente separados ambos os momentos. Boa parte das demandas históricas da humanidade se encontram de fato ligadas à ideia de uma progressiva racionalização do trabalho. Embora a fome reine sobre dois terços da população do planeta, sua eliminação já não se mostra uma utopia no sentido negativo do termo. Mas o desencadeamento das forças técnico-produtivas – incluindo a construção de máquinas que, sendo capazes de aprender e comandar, simulam integralmente o ciclo funcional das atividades instrumentais para além das capacidades da consciência natural e substituem o trabalho humano – não corresponde à criação de normas que possam consumar a dialética da relação ética em interações recíprocas e livres de dominação. A *libertação da fome e da miséria* não coincide necessariamente com a *libertação da servidão e da humilhação*, pois não existe uma conexão evolutiva automática entre o trabalho e a interação. Existe sim uma relação entre ambos os momentos, mas nem a *Realphilosophie* de Jena, nem a *Ideologia alemã* a esclareceram satisfatoriamente – ainda que possam, entretanto, ter-nos convencido de sua relevância: desse vínculo entre trabalho e interação depende essencialmente o processo de formação tanto do espírito quanto da espécie.

1967

Técnica e ciência como "ideologia"

A Herbert Marcuse,
por seu septuagésimo aniversário
em 19/7/1968

Max Weber introduziu o conceito de "racionalidade" para designar a forma da atividade econômica capitalista, das relações do direito privado burguês e da dominação burocrática. Racionalização significa ali antes de tudo a expansão dos âmbitos sociais submetidos aos critérios de decisão racional. Isso corresponde à industrialização do trabalho social, tendo por consequência a penetração dos critérios da ação instrumental em outros âmbitos da vida (como a urbanização dos modos de vida, a transformação técnica das trocas e da comunicação). Em todos esses casos, trata-se da perpetração do tipo de ação que pode ser descrita nos termos de uma ação racional com respeito a fins [*Zweckrationales Handeln*]: no primeiro caso, ela se refere à organização dos meios existentes e, no segundo, à escolha entre alternativas. O planejamento, enfim, pode ser compreendido como uma ação racional com respeito a fins de segundo grau: ele se dirige à instauração, melhoria ou ampliação dos próprios sistemas de ação racional com respeito a fins. A progressiva "racionalização" da sociedade encontra-se ligada à institucionalização do progresso científico e técnico. Na medida em que a técnica e a ciência penetram nos âmbitos institucionais da sociedade e, dessa forma, transformam as próprias instituições, as antigas formas de legitimação são decompostas. A secularização e o "desencantamento" das imagens de mundo capazes de orientar a ação, isto é, da tradição cultural em seu todo, apresentam-se como o outro lado de uma "racionalidade" crescente da ação social.

I

Herbert Marcuse recorre a essa análise para demonstrar que o conceito formal de racionalidade – que Max Weber extraiu da ação racional com respeito a fins do empresário capitalista e do trabalhador industrial, bem como da pessoa jurídica abstrata e do funcionário público moderno, associando-a aos critérios da ciência e da técnica – continha implicações determinadas quanto a seu conteúdo. Marcuse está convencido de que naquilo que Weber chamou de "racionalização" não se impõe uma "racionalidade" enquanto tal, mas sim uma forma de dominação política oculta imposta em seu nome. Como a racionalidade desse tipo se refere tão somente à escolha correta entre estratégias, ao emprego apropriado da tecnologia e à instauração adequada de sistemas (para fins *estabelecidos* em situações *dadas*), ela subtrai à reflexão e à reconstrução racional o contexto dos interesses sociais mais amplos contidos nas estratégias eleitas, nas tecnologias empregadas e nos sistemas

Técnica e ciência como "ideologia"

instituídos. Aquela racionalidade se estende, além disso, apenas sobre relações passíveis de utilização técnica e exige por isso um tipo de ação que implica a dominação, seja sobre a natureza, seja sobre a sociedade. Em virtude de sua estrutura mesma, a ação racional com respeito a fins é exercício do controle. Por isso, a "racionalização" das relações vitais segundo o critério dessa racionalidade equivale à institucionalização de uma dominação que não se reconhece politicamente: a razão técnica de sistemas sociais de ação racional com respeito a fins esconde seu conteúdo político inconfesso. A crítica de Marcuse a Max Weber chega, enfim, à seguinte conclusão:

> Pode ser que o próprio conceito de razão técnica seja ideologia. Não somente em sua forma de utilização, mas em si mesma, a técnica é dominação sobre a natureza e sobre o homem: uma dominação metódica, científica, calculada e calculadora. Finalidades e interesses determinados da dominação não são introduzidos à técnica apenas "adicionalmente" e a partir de fora – eles já entram na construção do próprio aparato técnico; a técnica é em cada um de seus casos um projeto histórico-social; nela é projetado o que uma sociedade e os interesses nela dominantes tencionam fazer com os homens e com as coisas. Uma tal finalidade da dominação é "material" e, nesse sentido, pertence à forma mesma da razão técnica.[1]

Já em 1956, em um contexto bastante diverso, Marcuse tinha chamado a atenção para o fenômeno particular de que nas

---

1 Marcuse, *Industrialisierung und Kapitalismus im Werk Max Webers.*

sociedades capitalistas industriais desenvolvidas, a dominação tende a perder seu caráter de exploração e opressão e se tornar "racional", sem que com isso desapareça a dominação política: "A dominação continua a ser exigida apenas enquanto capacidade e interesse em se manter e expandir o aparelho como um todo".[2] A racionalidade da dominação se mede pela manutenção de um sistema que permite ter o aumento das forças produtivas atrelado ao desenvolvimento técnico-científico, como fundamento de sua legitimação, muito embora o estágio das forças produtivas indique, por outro lado, a potencialidade para que "os encargos e as renúncias impostos aos indivíduos pareçam cada vez mais desnecessários e irracionais".[3] Marcuse identifica a repressão objetivamente supérflua na "submissão intensificada do indivíduo ao imenso mecanismo de produção e distribuição, à desprivatização do tempo livre e à fusão quase indiferenciável do trabalho social construtivo e destrutivo". Paradoxalmente, no entanto, essa repressão pode escapar à consciência da população porque a legitimação da dominação se revestiu de um caráter novo: a saber, a referência à "sempre crescente produtividade e [ao] controle da natureza, que também proporcionam ao indivíduo uma vida cada vez mais confortável".

O crescimento das forças produtivas institucionalizado com o desenvolvimento técnico e científico extrapola todas as proporções históricas. E é daí que o quadro institucional retira sua oportunidade de legitimação. Na medida em que as forças produtivas existentes *se apresentam* como a forma de or-

---

2 Id., Trieblehre und Freiheit.
3 Ibid., p.403.

Técnica e ciência como "ideologia"

ganização *tecnicamente necessária* de uma sociedade racionalizada, a ideia de que as relações de produção poderiam ser avaliadas segundo o potencial das forças produtivas desenvolvidas é assim dilacerada. A "racionalidade", no sentido empregado por Max Weber, mostra aqui sua dupla face: ela não é apenas um parâmetro crítico para o estágio de desenvolvimento das forças produtivas, permitindo desmascarar a repressão objetivamente supérflua das relações de produção historicamente atrasadas, mas ao mesmo tempo o parâmetro apologético por meio do qual essas mesmas relações de produção podem ser justificadas como um quadro institucional funcionalmente necessário. No que se refere, pois, a sua utilização apologética, a "racionalidade" deixa de representar um parâmetro para a crítica e é reduzida a um mero corretivo *no interior* do sistema; a única coisa que se pode ainda dizer em seu nome, quando muito, é que a sociedade apresenta-se "mal programada". Nessa etapa de seu desenvolvimento técnico-científico, as forças produtivas parecem compor uma nova constelação com as relações de produção: elas já não servem mais aos fins de um esclarecimento político como fundamento da crítica à legitimação vigente, mas se transforma ela mesma em fundamento de legitimidade. *Isto* é o que Marcuse concebe como novo na história universal.

Mas, se é assim, a racionalidade incorporada nos sistemas de ação racional com respeito a fins não deveria ser considerada uma racionalidade sujeita a uma restrição específica? Ao invés de se reduzir às regras invariantes da lógica e da ação orientada pelo êxito, não teria a racionalidade da ciência e da técnica acolhido em si um *a priori* substancial, surgido historicamente e, assim, também historicamente superável? Marcuse responde a essa pergunta afirmativamente:

Os princípios da ciência moderna foram estruturados *a priori* de modo a poderem servir como instrumentos conceituais de um universo de controles produtivos que se exercem automaticamente. Enfim, o operacionalismo teórico corresponde ao operacionalismo prático. O método científico, que conduziu a uma dominação cada vez mais eficiente da natureza, passa também a fornecer tanto os conceitos puros como os instrumentos para a dominação cada vez mais eficiente dos homens sobre os homens *por meio* da dominação da natureza [...] Hoje se perpetua e se amplia a dominação não apenas através da tecnologia, mas *como* tecnologia, fornecendo uma sólida legitimação ao poder político em expansão, o qual abarca em si todas as esferas culturais. Nesse universo, a tecnologia também legitima a ausência de liberdade do homem e comprova sua impossibilidade "técnica" de ser autônomo, de determinar sua própria vida. Pois essa ausência de liberdade não aparece nem como irracional, nem como política, mas sim como a submissão ao aparato técnico que torna a vida mais confortável e o trabalho mais produtivo. Dessa maneira, a racionalidade tecnológica não elimina a dominação, mas protege sua legalidade, fazendo que o horizonte instrumentalista da razão se abra a uma forma racional de sociedade totalitária.[4]

A "racionalização" de Max Weber não é apenas um processo de transformação das estruturas sociais de longo prazo, mas ao mesmo tempo uma "racionalização" no sentido de Freud: ela oculta seu motivo verdadeiro, a manutenção objetiva de uma dominação historicamente caduca por meio da invocação de imperativos técnicos. E essa invocação, por sua vez, apenas se

---

4 Id., *Der eindimensionale Mensh*, p.172 et seq.

Técnica e ciência como "ideologia"

faz possível porque a racionalidade da ciência e da técnica já é, de forma intrínseca, uma racionalidade manipuladora, uma racionalidade da dominação.

Esse conceito de que a racionalidade da ciência moderna é uma formação histórica Marcuse deve tanto ao estudo de Husserl sobre a crise da ciência europeia, quanto à destruição heideggeriana da metafísica ocidental. No contexto materialista, Bloch desenvolveu o ponto de vista de que a racionalidade científica distorcida pelo capitalismo faz também que a técnica moderna perca a inocência de uma simples força produtiva. Mas Marcuse é o único a fazer que o "conteúdo político da razão técnica" seja tomado como ponto de partida analítico de uma teoria social do capitalismo tardio. Por desenvolver esse ponto de vista não apenas filosoficamente, mas por procurar submetê-lo também à análise sociológica, as dificuldades dessa concepção podem se revelar de modo mais claro. Gostaria aqui de chamar a atenção para uma ambiguidade que já aparece em sua obra.

II

Se o fenômeno ao qual Marcuse vincula sua análise da sociedade, a saber, essa peculiar *fusão entre tecnologia e dominação*, entre racionalidade e opressão, não puder ser interpretado de outro modo senão supondo que no *a priori* material da ciência e da técnica se esconde uma concepção de mundo determinada por interesses de classe e pela situação histórica – um "projeto", como Marcuse diz aderindo à linguagem do Sartre fenomenológico –, então a emancipação não poderia ser pensada sem a revolução da própria ciência e da técnica. Em certas passagens, Marcuse segue a tentação de unir essa ideia de uma nova ciência com a promessa, presente na mística judaica e protestante, de uma "ressurreição da natureza decaída": um *topos* que reconhecidamente penetrou na filosofia de Schelling (e Baader) através do pietismo suábico, que ressurge em Marx nos *Manuscritos econômico-filosóficos* e que em nossos dias determina as ideias centrais da filosofia de Bloch, além de orientar, de uma forma mais reflexiva, as esperanças ocultas de Benjamim, Horkheimer e Adorno. Nesse sentido, Marcuse escreve:

> Procuro ressaltar que a ciência, *em virtude de seu próprio método* e de seus conceitos, projetou e promoveu um universo em que a dominação da natureza se mantém ligada à dominação do homem — uma ligação que tende a afetar de modo implacável esse universo como um todo. Cientificamente compreendida e dominada, a natureza reaparece no aparato técnico de produção e destruição, o qual mantém e melhora a vida dos indivíduos ao mesmo tempo que os submete ao senhorio desse aparato. Dessa forma, a hierarquia racional se funde com a social. Se é assim, portanto, uma mudança de direção do progresso que pudesse desfazer esse vínculo fatídico teria também de influenciar a estrutura da própria ciência — o projeto científico. Sem perder seu caráter racional, suas hipóteses teriam de se desenvolver em um contexto de experiências essencialmente distinto (isto é, no contexto de um mundo liberto); consequentemente, a ciência levaria a conceitos *essencialmente diversos da natureza* e constataria *fatos essencialmente diferentes.*[5]

---

5 Ibid., p.180 et seq.

Técnica e ciência como "ideologia"

Por consequência, Marcuse tem em vista não apenas uma outra constituição teórica da ciência, como também uma metodologia científica fundamentalmente distinta. O campo transcendental no qual a natureza se converte em objeto de uma nova experiência seria não mais a esfera funcional da ação instrumental; ao invés do ponto de vista da possível disposição técnica, teríamos a liberação dos potenciais da natureza por meio de seu tratamento e cuidado: "existem duas formas de domínio: um repressivo e um libertador".[6] Contra isso é possível objetar que a ciência moderna só poderia ser pensada como um projeto histórico particular se fosse concebível pelo menos *um* projeto alternativo. Além disso, uma nova ciência alternativa precisaria abarcar a definição de uma nova técnica. E essa consideração é certamente problemática, já que a técnica, se é que pode ser reduzida a um projeto, teria de ser pensada evidentemente como um "projeto" da espécie humana *em seu todo*, e não como um projeto historicamente superável.

Arnold Gehlen chamou a atenção, de modo convincente ao que me parece, para o fato de que existe um vínculo imanente entre o que nós conhecemos por técnica e a estrutura da ação racional com respeito a fins. Se nós entendermos a esfera funcional de ação orientada pelo êxito como a associação de decisão racional e ação instrumental, então podemos reconstruir a história da técnica sob o ponto de vista de uma objetivação progressiva da ação racional com respeito a fins. De qualquer maneira, o desenvolvimento técnico se ajusta bem ao modelo interpretativo segundo o qual a espécie humana teria projeta-

---

6 Ibid., p.247.

do, no âmbito dos meios técnicos, cada um dos componentes elementares da esfera funcional da ação racional com respeito a fins, os quais se encontravam inicialmente fixados ao organismo humano, aliviando-se dessa forma de suas funções correspondentes.[7] As funções do aparelho locomotor (mãos e pernas) seriam as primeiras a serem reforçadas e substituídas, depois as de geração de energia (do corpo humano), seguidas pelas funções do aparelho sensitivo (olhos, orelhas, pele) e, finalmente, as funções do centro de controle (do cérebro). Se considerarmos que o desenvolvimento técnico segue uma lógica que corresponde à estrutura da ação racional com respeito a fins e orientada pelo êxito – e isso significa: a lógica do *trabalho* –, então não se vê como poderíamos renunciar à técnica, mais precisamente à *nossa* técnica, em benefício de uma técnica qualitativamente distinta, enquanto permanecer inalterada a organização da natureza humana, isto é, enquanto tivermos de manter nossas vidas por meio do trabalho social e com a ajuda de meios que o substituem.

Marcuse tem em mente uma *atitude* alternativa para com a natureza, mas dela não se pode auferir a ideia de uma nova *técnica*. Ao invés de tratarmos a natureza como um *objeto* de

---

7 "Essa lei enuncia um acontecimento interior à técnica, um movimento que em seu conjunto não foi desejado pelo homem, mas que, por assim dizer, impõe-se por trás das costas ou instintivamente ao longo de toda a história da cultura humana. Segundo essa lei, além disso, não pode haver nenhum desenvolvimento da técnica que vá além do nível da automatização mais completa possível, pois não se poderia especificar nenhum outro âmbito da atividade humana passível de objetivação." Gehlen, Anthropologische Ansicht der Technik.

Técnica e ciência como "ideologia"

possível disposição técnica, poderíamos nos relacionar com ela como *parceiros* de uma possível interação. Ao invés da natureza explorada, poderíamos buscar uma natureza fraterna. E mesmo que no nível de uma intersubjetividade ainda incompleta, poderíamos assumir a subjetividade dos animais, das plantas e inclusive das pedras e nos *comunicar* com a natureza ao invés de meramente *trabalhá-la* sob o pressuposto de uma comunicação interdita. Essa ideia conservou um atrativo peculiar, para dizer o mínimo, ao entoar que a subjetividade ainda reprimida da natureza não poderia ser liberta antes que a comunicação entre os homens não fosse ela mesma livre de dominação. Apenas quando a humanidade fosse capaz de uma comunicação isenta de coerções e cada um reconhecer a si mesmo no outro, a espécie humana poderia também reconhecer a natureza como um outro sujeito – não como *seu outro*, conforme queria o idealismo, mas reconhecer a si mesma como o *outro desse sujeito*.

De qualquer forma, os serviços prestados pela técnica, indispensáveis enquanto tais, certamente não poderiam ser substituídos por uma natureza que desperta de seu sono. A alternativa à técnica existente, o projeto de uma natureza como parceira e não como objeto, refere-se a uma estrutura de ação alternativa: a interação mediada simbolicamente, diferentemente da ação racional com relação a fins. Isso significa, no entanto, que ambos os modelos são projeções do trabalho e da linguagem, projetos da espécie humana em seu conjunto e não de uma época, de uma classe, de uma situação em si mesma superável. Tal como a ideia de uma nova técnica, a ideia de uma nova ciência não parece defensável caso ela tenha de suspender, em nosso contexto, o comprometimento da ciência moderna com a possível disponibilidade técnica: tanto para o cumprimento de sua função, quanto para o desenvolvimento técnico-científico em geral, não parece existir nenhum substituto "mais humano".

O próprio Marcuse parece por em dúvida se é sensato relativizar a racionalidade da ciência e da técnica como "projeto". Em muitas passagens de *O homem unidimensional*, a revolução tem o significado somente de uma transformação do quadro institucional, não atingindo as forças produtivas enquanto tais. A estrutura do progresso técnico-científico permaneceria assim conservada, sendo apenas modificados os valores que o dirigem. Os novos valores seriam traduzidos em tarefas tecnicamente executáveis; o novo seria a *direção* desse progresso, sem se alterar o próprio padrão da racionalidade: "Como um universo de meios, a técnica pode aumentar tanto a fraqueza quanto o poder do homem. No estágio atual o homem se encontra talvez mais impotente do que nunca perante seu próprio aparelho".[8]

Essa passagem restabelece a inocência política das forças produtivas. Marcuse apenas restaura aqui a determinação clássica da relação entre forças produtivas e relações de produção. Mas com isso ele parece tão distante da nova constelação visada quanto ao afirmar que as forças produtivas estariam em seu todo corrompidas politicamente. A ambiguidade contida na "racionalidade" própria da ciência e da técnica – a qual, por um lado, especifica um potencial crescente de forças produtivas excedentes que ameaça a estrutura institucional e, por outro, *também*

---

8 Marcuse, *Der eindimensionale Mensch*, p.246.

Técnica e ciência como "ideologia"

confere o critério para a legitimação das relações de produção repressoras – não pode ser representada adequadamente nem por meio da historicização do conceito, nem pelo retorno à concepção ortodoxa; nem pelo modelo do *pecado original*, nem pela *inocência* do progresso técnico-científico. A formulação mais adequada do estado de coisas que Marcuse pretende abarcar parece ser a seguinte:

> O *a priori* tecnológico é um *a priori* político, na medida em que a transformação da natureza tem como consequência a transformação do homem e que as "criações do homem" surgem da totalidade social e retornam a ela. Contudo, pode-se afirmar que a maquinaria do universo tecnológico "como tal" é indiferente frente às finalidades políticas – pode tanto acelerar uma sociedade quanto entravá-la. Uma calculadora eletrônica pode servir tanto a um regime capitalista quanto socialista; um ciclotrão pode ser um bom instrumento tanto para um partido bélico quanto pacifista [...] Mas se a técnica se converte na forma universal de produção material, ela define então toda a cultura; ela projeta uma totalidade social – um "mundo".[9]

Ao exprimir o teor político da razão técnica, Marcuse apenas encobre a dificuldade de determinar de modo categorialmente preciso o que significa dizer que a forma racional da ciência e da técnica, isto é, a racionalidade corporificada nos sistemas de ação racional com respeito a fins, possa se expandir a ponto de constituir uma forma de vida, a "totalidade histórica" de um

---

9 Ibid., p.168.

mundo da vida. Max Weber havia pretendido descrever e explicitar esse mesmo processo com a racionalização da sociedade. Mas nem Max Weber, nem Herbert Marcuse foram satisfatoriamente bem-sucedidos. Por isso gostaria de tentar reformular o conceito weberiano de racionalização segundo um quadro de referências distinto para examinar, a partir dessa nova base, tanto a crítica que Marcuse dirige a Weber, quanto sua tese da dupla função do processo técnico-científico (isto é, como força produtiva e como ideologia). Proponho um esquema interpretativo que pode ser aqui introduzido de modo ensaístico, carente de uma verificação rigorosa sobre sua aplicabilidade. As generalizações históricas servem assim apenas de ilustração do esquema, sendo incapazes de suprir plenamente a própria prática interpretativa.

III

Com o conceito de "racionalização", Max Weber tentou compreender a repercussão do progresso técnico-científico sobre o quadro institucional da sociedade abarcado pelo processo de "modernização". Ele compartilha esse interesse com toda a sociologia clássica, cujos pares conceituais giram em torno do mesmo problema: a saber, a construção conceitual da mudança institucional que resulta da expansão dos subsistemas de ação racional com respeito a fins. *Status* e contrato, comunidade e sociedade, solidariedade mecânica e orgânica, grupos formais e informais, relações primárias e secundárias, cultura e civilização, dominação tradicional e burocrática, associações sagradas e seculares, sociedade militar e industrial, estamento e classe

Técnica e ciência como "ideologia"

etc.: todos esses pares de conceitos nos revelam tentativas de apreender a mudança estrutural dos âmbitos institucionais da sociedade tradicional em sua transição para uma sociedade moderna. Mesmo o catálogo de Parsons sobre as possíveis alternativas de orientações de valor não escapa ao conjunto dessas tentativas, ainda que não o admita. Parsons possui a pretensão de que sua lista represente de forma sistemática as decisões entre orientações alternativas de valor que o sujeito tem de tomar em *qualquer* ação, independentemente das particularidades do contexto cultural ou histórico. Ao olharmos para a lista, entretanto, podemos perceber sem grande dificuldade a dimensão histórica do problema que se encontra em sua base. Os quatro pares de orientações alternativas de valor são:

afetividade	*versus*	neutralidade afetiva
particularismo	*versus*	universalismo
imputação	*versus*	realização
difusão	*versus*	especificidade

Esses pares de conceitos, que deveriam esgotar *todas* as possíveis decisões fundamentais, são talhados segundo a análise de *um* processo histórico específico. Com efeito, eles determinam as dimensões relevantes da transformação das atitudes dominantes na passagem de uma sociedade tradicional para a moderna. Uma orientação pelo adiamento das gratificações, pela condução do comportamento segundo normas gerais, pela realização individual e dominação ativa e, finalmente, pelas relações específicas e analíticas é exigida nos subsistemas de ação racional com respeito a fins em maior medida que as orientações contrárias.

Gostaria de reformular aquilo que Max Weber chamou de "racionalização" para ir além do enfoque subjetivo que Parsons compartilha com ele e propor um novo quadro categorial, o qual parte da distinção fundamental entre *trabalho e interação*.[10]

Por "trabalho" ou *ação racional com respeito a fins* eu entendo a ação instrumental ou a escolha racional, ou ainda uma combinação entre ambas. A ação instrumental é regida por *regras técnicas* baseadas em conhecimentos empíricos. Elas implicam, em cada caso, prognósticos provisórios sobre acontecimentos observáveis, sejam eles físicos ou sociais, os quais podem ser comprovados verdadeiros ou falsos. O comportamento de escolha racional, por sua vez, é regido por *estratégias* baseadas em conhecimentos analíticos. As estratégias são deduzidas com base em regras de preferências (sistema de valores) e máximas gerais – cujos enunciados podem ser deduzidos de modo correto ou falso. A ação racional com respeito a fins desenvolve objetivos definidos sob condições dadas; mas enquanto a ação instrumental organiza meios que se mostram adequados ou inadequados segundo critérios de um controle eficiente da realidade, a ação estratégica depende apenas da avaliação correta entre possíveis alternativas de comportamento, que somente pode ser obtida através de uma dedução feita com o auxílio de valores e máximas.

---

10 Para o enquadramento desses conceitos no contexto da história da filosofia, conferir minha contribuição em homenagem a Karl Löwith – "Trabalho e interação: comentários sobre a *Filosofia do espírito* de Hegel em Jena", presente neste mesmo volume.

Técnica e ciência como "ideologia"

Por *ação comunicativa* eu entendo, por outro lado, uma interação simbolicamente mediada. Ela se orienta por *normas* obrigatoriamente *válidas*, as quais definem expectativas recíprocas de comportamento e devem ser compreendidas e reconhecidas por pelo menos dois sujeitos agentes. As normas sociais são reforçadas por meio de sanções. Seu sentido se objetiva na comunicação linguística cotidiana. Enquanto a validade [*Geltung*] de regras técnicas e estratégias depende da validez [*Gültigkeit*] de seus enunciados nos termos da verdade empírica ou da correção analítica, a validade de normas sociais apenas pode ser fundada na intersubjetividade de um entendimento acerca das intenções e assegurada por meio do reconhecimento geral das obrigações. Em cada um desses casos, a violação de regras possui consequências diferentes. Um comportamento *incompetente*, que infringe regras técnicas ou estratégias corretas está condenado *per se* à falta de êxito; sua "punição", por assim dizer, encontra-se inscrita no fracasso perante a realidade. Um comportamento *desviante*, que infringe normas válidas, suscita sanções vinculadas às regras apenas exteriormente, isto é, através de convenções. As regras aprendidas da ação racional com respeito a fins nos conferem a disciplina de *habilidades*, enquanto as normas internalizadas nos promovem *estruturas de personalidade*. As habilidades nos tornam capazes de resolver problemas e as motivações nos permitem agir em conformidade às normas. O diagrama a seguir resume essas determinações – as quais mereceriam uma explicação mais precisa que não posso dar aqui. A última linha do diagrama não será por ora considerada, já que apenas nos lembra da tarefa para a qual introduzo a distinção entre trabalho e interação.

	Quadro institucional: interações simbolicamente mediadas	Sistemas de ação racional com respeito a fins (ações instrumentais ou estratégicas)
Regras orientadoras da ação	Normas sociais	Regras técnicas
Níveis de definição	Linguagem cotidiana intersubjetivamente partilhada	Linguagem independente de contexto
Tipos de definição	Expectativas recíprocas de comportamento	Prognósticos e imperativos condicionais
Mecanismos de aquisição	Internalização dos papéis	Aprendizagem de habilidades e qualificações
Função do tipo de ação considerada	Manutenção de instituições (conformidade às normas com base em seu fortalecimento recíproco)	Solução de problemas (alcance de objetivos definidos em relações meios-fins)
Sanções no caso de infração das regras	Punição com base em sanções convencionais: falha perante a autoridade	Ineficácia: falha perante a realidade
"Racionalização"	Emancipação, individuação; expansão da comunicação livre de dominação	Aumento das forças produtivas; expansão do poder de disposição técnica

Técnica e ciência como "ideologia"

Por meio desses dois tipos de ação podemos distinguir os sistemas sociais segundo a predominância da ação racional com respeito a fins ou a interação. O quadro *institucional* de uma sociedade consiste de normas que dirigem as interações linguisticamente mediadas. Mas existem subsistemas como o sistema econômico e o aparato estatal, para permanecermos com os exemplos de Max Weber, nos quais são institucionalizadas principalmente proposições acerca de ações racionais com respeito a fins. Do outro lado encontramos subsistemas, como a família e o parentesco, que embora se encontrem por certo vinculados a uma grande quantidade de tarefas e habilidades, repousam fundamentalmente em regras morais de interação. Dessa maneira, gostaria de realizar em um plano analítico distinções gerais entre 1. o *quadro institucional* de uma sociedade ou o mundo da vida sociocultural; e 2. os *subsistemas de ação racional com respeito a fins* nele incrustados. Na medida em que ações são determinadas pelo âmbito institucional, elas se mostram ao mesmo tempo dirigidas e impostas por expectativas de comportamento reciprocamente entrelaçadas e dotadas de sanção. Na medida em que são determinadas pelos subsistemas de ação racional com respeito a fins, elas seguem os padrões da ação instrumental ou estratégica. No entanto, somente por meio de sua institucionalização pode ser obtida a garantia de que se atenham com certa probabilidade às regras técnicas ou às estratégias esperadas. Com a ajuda dessas distinções podemos reformular o conceito weberiano de "racionalização".

IV

A expressão "sociedade tradicional" foi amplamente utilizada para designar todos os sistemas sociais que correspondem aos critérios gerais das civilizações [*civilizations*]. Estas representam uma etapa específica na evolução histórica da espécie humana e se distinguem das formas sociais primitivas por meio: 1. da existência de um poder de dominação centralizado (organização estatal da dominação, ao contrário da organização tribal); 2. da divisão da sociedade em classes socioeconômicas (distribuição dos encargos e compensações sociais entre os indivíduos de acordo com seu pertencimento às diferentes classes e não segundo critérios de parentesco); 3. do fato de manter vigente alguma visão central de mundo (mito, religião superior) que cumpre uma legitimação eficiente da dominação. As civilizações são estabelecidas sobre a base de uma técnica relativamente desenvolvida e de uma organização do processo de produção fundado na divisão social do trabalho que tornam possível a produção excedente [*Mehrprodukt*], isto é, a abundância dos bens de consumo para além da satisfação das necessidades imediatas e elementares. Elas devem sua existência à solução do problema que surge inicialmente com a produção excedente, a saber: o problema da distribuição *desigual* e, ainda assim, *legítima* da riqueza e do trabalho segundo critérios distintos daqueles oferecidos pelo sistema de parentesco.[11]

Apesar das diferenças de nível entre elas, é relevante para nosso contexto a circunstância de que as civilizações, apoiadas sobre a base de uma economia dependente da agricultura e do artesanato, apenas tenham tolerado inovações técnicas e melhoramentos organizacionais dentro de certos limites. Como indicador dos limites tradicionais ao desenvolvimento das forças produtivas, é suficiente apontar o fato de que até

---

11 Cf. Lenski, *Power and Privilege: A Theory of Social Stratification*.

Técnica e ciência como "ideologia"

cerca de trezentos anos atrás nenhum grande sistema social produziu, quando muito, mais que o equivalente a 200 dólares *per capita* ao ano. O modelo estável de um modo de produção pré-capitalista, de uma técnica pré-industrial e de uma ciência pré-moderna possibilitou uma relação típica do quadro institucional com os subsistemas de ação racional com relação a fins: esses subsistemas, que se desenvolvem a partir do sistema do trabalho social e do estoque de saberes tecnicamente aproveitáveis nele acumulado, nunca alcançaram, apesar de seus consideráveis progressos, aquele grau de expansão segundo o qual sua racionalidade pudesse se transformar em uma ameaça aberta à autoridade das tradições culturais legitimadoras da dominação. A expressão "sociedade tradicional" relaciona-se à circunstância de que o quadro institucional repousa sobre a base legitimatória não questionada das interpretações místicas, religiosas ou metafísicas da realidade em seu todo – tanto da sociedade como do cosmos. As sociedades "tradicionais" somente existem na medida em que o desenvolvimento dos subsistemas de ação racional com relação a fins se mantêm contidos *no interior dos limites da eficácia legitimatória* das tradições culturais.[12] Isso gera uma "supremacia" do quadro institucional, a qual não evita reestruturações em consequência de um potencial excedente das forças produtivas, mas exclui sim a dissolução crítica da *forma* tradicional de legitimação. Essa incontestabilidade constitui um critério significativo para a diferenciação das sociedades tradicionais em relação àquelas que atravessaram o limiar da modernização.

---

12 Cf. Berger, *The Sacred Canopy*.

O "critério da supremacia" é aplicável, consequentemente, a todas as condições de uma sociedade de classes estatalmente organizada que se caracteriza pelo fato de a validade cultural das tradições intersubjetivamente partilhadas, que legitimam uma ordem de dominação continuada, não ser questionada de modo explícito e rico em consequências segundo os critérios de uma racionalidade universalmente válida das relações de meios e fins, seja de caráter instrumental ou estratégico. Somente quando o modo de produção capitalista passa a prover o sistema econômico de um mecanismo regrado para o crescimento da produtividade e do trabalho (não isento de crises, certamente, mas contínuo a longo prazo) é que vemos institucionalizada a introdução de novas estratégias e tecnologias; quer dizer, é somente então que temos a *inovação institucionalizada* enquanto tal. Como Marx e Schumpeter já haviam sugerido cada um à sua maneira, o modo de produção capitalista pode ser compreendido como um mecanismo que garante a expansão *permanente* dos subsistemas de ação racional com respeito a fins e que, com isso, abala a supremacia tradicional do quadro institucional perante as forças produtivas. O capitalismo é na história universal o primeiro modo de produção que institucionalizou um crescimento econômico autorregulado: ele produziu um industrialismo que, com o tempo, pôde ser desacoplado do âmbito institucional da sociedade e fixado a mecanismos distintos daqueles que operavam a valorização do capital em sua forma privada.

O que caracteriza o limiar entre a sociedade tradicional e aquelas que entraram em um processo de modernização *não* é a transformação estrutural do quadro institucional da sociedade gerada pela pressão de forças produtivas relativamente desenvolvidas. Este é um mecanismo de evolução histórica da espécie desde seu princípio. A novidade encontra-se muito mais em um estágio de desenvolvimento das forças produtivas que torna permanente a expansão dos subsistemas de ação racional com respeito a fins e que, por seu meio, coloca em questão os modos como as civilizações legitimam a dominação por meio de interpretações cosmológicas do mundo. As imagens de mundo místicas, religiosas e metafísicas obedecem à lógica dos contextos de interação. Elas dão respostas aos problemas mais centrais da humanidade relativos tanto à convivência compartilhada quanto à história de vida individual. Seus temas são justiça e liberdade, poder e repressão, felicidade e satisfação, miséria e morte. Suas categorias são o triunfo e a derrota, amor e ódio, salvação e condenação. Sua lógica se mede pela gramática de uma comunicação distorcida e pela causalidade do destino exercida por símbolos dissociados e motivos reprimidos.[13] A racionalidade dos jogos de linguagem atrelada à ação comunicativa é confrontada, no limiar da modernidade, com uma racionalidade das relações meios-fins que se vincula à ação instrumental ou estratégica. E tão logo essa confrontação se instaura, a sociedade tradicional vê o princípio de seu fim: seu modo de legitimar a dominação entra em colapso.

O capitalismo se define por um modo de produção que não apenas coloca esse problema, como também o resolve. Ele oferece uma legitimação da dominação que não desce mais do céu da tradição cultural, mas que pode ser erguida sobre a base do trabalho social. A instituição do mercado, na qual os proprietários privados trocam mercadorias e que inclui o mercado em que aqueles desprovidos de propriedade fazem o in-

---

13 Cf. meu estudo: *Erkenntnis und Interesse*.

tercâmbio de sua única mercadoria, a própria força de trabalho, promete a justiça na equivalência das relações de troca. Com a categoria de reciprocidade, essa ideologia burguesa também transforma a ação comunicativa em base de legitimidade. Mas o princípio da reciprocidade é agora o princípio organizatório dos processos mesmos de produção e reprodução. Por isso, a dominação política pode a partir de então ser legitimada "de baixo para cima", ao invés de legitimar-se "de cima para baixo" evocando os recursos da tradição cultural.

Ao partirmos da premissa de que a divisão de uma sociedade em classes socioeconômicas repousa sobre uma distribuição dos meios de produção relevantes entre grupos específicos e que, por sua vez, essa distribuição remonta à institucionalização de relações de poder social, podemos então admitir que em todas as civilizações esse quadro institucional se tornou idêntico à dominação política: a dominação tradicional era uma dominação política. Somente com o modo de produção capitalista a legitimação do âmbito institucional pode se ligar imediatamente ao sistema do trabalho social. Pois somente então a ordem da propriedade privada pode se transformar de uma *relação política* em uma *relação de produção*, já que ela se legitima agora por meio da racionalidade do mercado, da ideologia da troca justa, e não mais em uma ordem legítima de dominação. Ou seja, o sistema de dominação pode agora ser justificado pelas relações de produção legítimas: esse é o verdadeiro conteúdo do direito natural racional de Locke a Kant.[14]

---

14 Cf. Strauss, *Naturrecht und Geschichte*; Macpherson, *Die Politische Theorie des Besitzindividualismus*; Habermas, Die klassische Lehre von der Politik in ihrem Verhältnis zur Sozialphilosophie.

Técnica e ciência como "ideologia"

O quadro institucional da sociedade é apenas mediatamente político e imediatamente econômico (o Estado de direito burguês como "superestrutura").

A superioridade do modo de produção capitalista sobre os anteriores é fundada em dois elementos: na instauração de um mecanismo econômico que permite a ampliação constante dos subsistemas de ação racional com respeito a fins, bem como na criação de uma legitimação econômica sob a qual o sistema de dominação pode ser adaptado às novas exigências de racionalidade desses subsistemas em desenvolvimento. É esse processo de adaptação que Max Weber compreende como "racionalização". Nisso podemos distinguir duas tendências, uma racionalização "de baixo para cima" e uma racionalização "de cima para baixo".

De baixo para cima surge uma pressão permanente de adaptação, tão logo se impõe o novo modo de produção, na medida em que são institucionalizadas as relações territoriais de troca de bens e força de trabalho, por um lado, e a empresa capitalista, por outro. No sistema do trabalho social é assegurado um progresso cumulativo das forças produtivas e, a partir disso, uma expansão horizontal dos subsistemas de ação racional com respeito a fins – certamente sob o preço de crises econômicas. Por meio disso, os contextos tradicionais são cada vez mais submetidos às condições crescentes da racionalidade instrumental ou estratégica: à organização do trabalho e do intercâmbio econômico, à rede de transportes, às informações e à comunicação, às instituições do direito privado e da burocracia estatal, que segue a administração financeira. Assim se forma a infraestrutura de uma sociedade sob a pressão da modernização. Ela se apodera pouco a pouco de todas as dimensões da vida social: do aparato militar, do sistema escolar, do sistema de saúde e mesmo da família, impondo tanto na cidade quanto no campo uma urbanização da *forma* de vida, isto é, fazendo brotar subculturas que ensinam a cada um poder passar a qualquer momento dos contextos de interação à ação racional com relação a fins.

À pressão de racionalização *a partir de baixo* corresponde uma racionalização que se impõe *de cima para baixo*, pois as tradições que legitimam a dominação e orientam a ação, especialmente as interpretações cosmológicas do mundo, perdem sua obrigatoriedade com a imposição dos novos critérios da racionalidade com respeito a fins. Neste nível de generalização, aquilo que Max Weber chamou de secularização possui três aspectos. As imagens de mundo e as objetivações tradicionais perdem 1. seu poder e sua validade *como* mito, *como* religião pública, *como* ritual tradicional, *como* metafísica justificadora e *como* tradição incontestável. Ao invés disso, elas se transformam em 2. credos e éticas subjetivas, as quais asseguram a obrigatoriedade privada das modernas orientações de valores ("ética protestante"); e são reelaboradas como 3. construções que permitem ao mesmo tempo uma crítica à tradição e uma reorganização dos materiais dela liberados segundo princípios do direito formal e da troca de equivalentes (direito natural racional). A legitimidade fragilizada da tradição é substituída por novas formas de legitimação, as quais, por um lado, resultam da crítica ao dogmatismo das interpretações tradicionais do mundo e reivindicam um caráter científico e, por outro lado, cumprem funções de legitimação subtraindo relações fáticas do poder de análise e da consciência pública. É assim que nascem as *ideologias* em sentido estrito: elas substituem as

Técnica e ciência como "ideologia"

legitimações tradicionais da dominação ao se apresentarem com a pretensão da ciência moderna e se justificarem como crítica da ideologia. As ideologias possuem a mesma origem que a crítica da ideologia. Nesse sentido, não podem existir "ideologias" pré-burguesas.

A ciência moderna assume nesse contexto uma função peculiar. Diferentemente das ciências filosóficas de tipo antigo, as ciências experimentais modernas se desenvolvem desde os tempos de Galileu conforme um sistema de referências metodológico que reflete o ponto de vista transcendental da possível disponibilidade técnica. As ciências modernas produzem por isso um saber cuja *forma* (não da intenção subjetiva) apresenta-se como um saber tecnicamente utilizável, ainda que, de modo geral, as chances de sua utilização tenham se dado apenas posteriormente. Uma interdependência entre ciência e tecnologia não existia até o final do século XIX. A ciência moderna não contribuiu até então para a aceleração do desenvolvimento técnico e tampouco para a pressão de racionalização que se faz sentir de baixo para cima. Sua contribuição para o processo de modernização é muito mais indireta. A nova física, que induziu a imagem de mundo mecanicista no século XVII, possui um significado filosófico, o qual interpreta a natureza e a sociedade de modo complementar a partir das ciências naturais. A reconstrução do direito natural clássico é realizada nesse mesmo âmbito. O direito natural moderno serve como fundamento das revoluções burguesas dos séculos XVII, XVIII e XIX, por meio das quais as antigas formas de legitimação da dominação foram destruídas de modo cabal.[15]

---

15 Cf. Habermas, Naturrecht und Revolution.

Jürgen Habermas

V

Até a metade do século XIX, o modo de produção capitalista se impôs na Inglaterra e na França a tal ponto que Marx pôde reconhecer o quadro institucional da sociedade nas relações de produção e, ao mesmo tempo, criticar o fundamento de legitimidade da troca de equivalentes. Ele realizou a crítica da ideologia burguesa na forma da *economia política*: sua teoria do valor-trabalho destruiu a aparência de liberdade com a qual o instituto jurídico do livre contrato mascarava as relações de poder subjacentes às relações de trabalho assalariado. Aquilo que Marcuse critica em Max Weber é justamente a desconsideração dessa intuição marxista em um conceito abstrato de racionalização, o qual não expressa, mas volta a ocultar o conteúdo de classe específico dessa adaptação do quadro institucional ao progresso dos subsistemas de ação racional com relação a fins. Marcuse sabe que a análise de Marx não pode mais ser diretamente aplicada aos novos contextos sociais do capitalismo tardio, o que Max Weber já tinha perante os olhos. Mas, ao utilizar Max Weber como exemplo, ele pretende mostrar que a evolução da sociedade moderna no âmbito de um capitalismo regulado pelo Estado não pode ser adequadamente compreendida sem antes trazer à compreensão o conceito de capitalismo liberal.

Desde o último quarto do século XIX tornam-se perceptíveis nos países capitalistas mais avançados *duas tendências de desenvolvimento*: 1. um crescimento do intervencionismo estatal, o qual procura assegurar a estabilidade do sistema; e 2. uma interdependência crescente da pesquisa e da técnica, que transformou a ciência na principal força produtiva. Ambas as tendências

Técnica e ciência como "ideologia"

destroem aquela constelação entre o quadro institucional e os subsistemas de ação racional com relação a fins que distingue o capitalismo em sua fase liberal. Com isso deixam de existir condições de aplicação relevantes para a economia política na versão que Marx havia concebido, com razão, em vista do capitalismo liberal. A chave para a análise da nova constelação encontra-se, segundo penso, na tese fundamental de Marcuse de que a técnica e a ciência assumem hoje também a função de legitimar da dominação.

A regulação prolongada do processo econômico por meio da intervenção estatal é resultado de uma reação contra os riscos de disfuncionalidade sistêmica de um capitalismo abandonado a si mesmo, cujo desenvolvimento efetivo se encontrava em clara contradição com a ideia, por ele mesmo propagada, de uma sociedade civil que se emancipa da dominação e neutraliza o poder. A ideologia básica da troca justa, que Marx havia desmascarado teoricamente, desmorona também na prática. A forma da valorização do capital da economia privada apenas pôde ser mantida por meio dos corretivos estatais de uma *política* social e econômica estabilizadora. O quadro institucional da sociedade foi assim repolitizado. Ele já não coincide imediatamente com as relações de produção, isto é, com uma organização de direito privado que assegura a circulação econômica capitalista com as respectivas garantias gerais de manutenção da ordem do Estado burguês. Com isso, entretanto, vemos transformada a relação do sistema econômico com o sistema de dominação: a política já não é *apenas* um fenômeno superestrutural. Se a sociedade não se mantém mais "autônoma" como uma esfera que se autorregula prévia e subjacentemente ao Estado – e isso era realmente novo no modo de produção capitalista –, então a relação entre sociedade e Estado não pode mais ser definida pelos termos marxistas de base e superestrutura. E, desse modo, tampouco pode ser conduzida a teoria crítica da sociedade na forma exclusiva de uma crítica da economia política. Um modo de análise que isola metodicamente as leis do movimento econômico da sociedade apenas pode pretender abarcar em suas categorias essenciais os contextos mais amplos da vida social quando a política é dependente da base econômica e não, inversamente, quando essa base tem de ser considerada como função da atividade estatal e de conflitos disputados politicamente. A *crítica da economia política* era, segundo Marx, teoria da sociedade burguesa apenas como *crítica da ideologia*. Entretanto, quando a ideologia da troca justa é dissolvida, o sistema de dominação não pode mais ser criticado de *modo imediato* nas relações de produção.

Após a dissolução daquela ideologia, a dominação política passa a requerer uma nova legitimação. Agora que o poder exercido indiretamente pelo processo de troca é controlado por meio de uma dominação pré-estatalmente organizada e estatalmente institucionalizada, a legitimação não pode mais ser derivada de uma ordem apolítica como as relações de produção. Nessa medida, vemos renovada a pressão por uma legitimação direta, tal como observada nas sociedades pré-capitalistas. Ao mesmo tempo, entretanto, o restabelecimento de uma dominação política imediata (em uma forma tradicional de legitimação baseada na tradição cultural) torna-se impossível. Pois, por um lado, as tradições perderam sua força; por outro, os resultados da emancipação burguesa contra a dominação política imediata (os direitos fundamentais e os mecanismos de eleições gerais) apenas podem ser plenamente ignorados nas sociedades industriais avançadas em períodos de reação. A dominação formal-democrática em sistemas de capitalismo estatalmente regulado apresenta-nos uma exigência de legitimação que já não pode ser satisfeita pelos recursos da forma de legitimação pré-burguesa. Por isso, a ideologia da livre-troca tem seu lugar ocupado por um *programa compensatório* orientado não pelas consequências sociais da instituição do mercado, mas por uma atividade estatal que compensa as disfunções da livre-troca. Esse programa combina o momento da ideologia burguesa do desempenho (que desloca a atribuição de *status*, segundo o desempenho individual, do mercado ao sistema escolar) com a garantia de um bem-estar mínimo, de segurança nos postos de trabalho e de estabilidade da renda. Ele obriga o sistema de dominação a manter as condições de estabilidade que tanto garantem a segurança social e as chances de ascensão individual, quanto previnem os riscos gerais do crescimento econômico. Isso exige um espaço de manipulação para intervenções estatais que, ao preço de restrições às instituições do direito privado, assegura a forma privada de valorização do capital *e vincula a essa forma a devida lealdade das massas*.

Na medida em que a atividade estatal é direcionada à estabilidade e ao crescimento do sistema econômico, a política assume um peculiar *caráter negativo*: ela se orienta pela eliminação de disfuncionalidades e prevenção dos riscos que possam ameaçar o sistema, ou seja, ela não é direcionada à *realização de finalidades práticas*, mas à *resolução de problemas técnicos*. Claus Offe chamou a atenção sobre isso em sua contribuição ao "Congresso de Sociologia em Frankfurt" do presente ano:

Nessa estrutura de relações entre economia e Estado, a "política" se degenera em uma ação que obedece aos numerosos e sempre novos "imperativos de prevenção", na qual a massa das informações provenientes das ciências sociais especializadas, que penetram no sistema político, permite tanto antever as zonas de risco futuro quanto determinar o melhor tratamento às ameaças atuais. O que é novo nessa estrutura [...] é que os riscos de instabilidade embutidos nos mecanismos de valorização privada do capital em mercados altamente organizados, embora manipuláveis, predeterminam as ações preventivas e as provisões que *devem* ser adotadas na medida em que têm de se harmonizar com a oferta de legitimação existente (isto é, do programa compensatório).[16]

Offe entende que a atividade estatal é restringida através dessa orientação preventiva da ação segundo problemas técnicos solucionáveis administrativamente, na medida em que, com isso, questões práticas são colocadas fora de campo. *Os conteúdos práticos são eliminados.* O velho estilo de política, pela simples forma de legitimação da dominação, era obrigado a se definir em função de objetivos práticos: as interpretações da "vida boa" eram orientadas pelos contextos de interação. Isso ainda é válido para a ideologia da sociedade burguesa. A ordem de compensação hoje dominante, ao contrário, relaciona-se tão somente com o funcionamento de um sistema autodirigido. Ela exclui as questões práticas e, com isso, a discussão sobre a aceitação de *padrões* que apenas poderiam ser alcançados segundo uma formação democrática da vontade. A solução de problemas

---

16 Offe, Zur Klassentheorie und Herrschaftsstruktur im staatlich regulierten Kapitalismus, (no prelo).

Técnica e ciência como "ideologia"

técnicos não é atribuída à discussão pública. A discussão pública poderia problematizar as fronteiras do sistema, dentro das quais as tarefas da atividade estatal se apresentam como meramente técnicas. A nova política do intervencionismo estatal requer assim uma *despolitização* das massas populares. Com a eliminação de questões práticas, a esfera pública política perde também sua função. Por outro lado, o quadro institucional da sociedade permanece separado do sistema de ação racional com respeito a fins. Sua organização, como antes, continua referida à *práxis* comunicativa e não apenas a questões de uma *técnica* conduzida cientificamente. Por isso, o ofuscamento da práxis ligada à nova forma de dominação política não é nada trivial. O programa compensatório que legitima a dominação deixa em aberto uma necessidade legitimatória decisiva: como a despolitização das massas torna-se plausível a elas mesmas? Marcuse poderia responder a isso: por meio de uma nova função da ciência e da técnica, que passam a assumir *também* o papel de ideologia.

VI

Desde o final do século XIX, impõe-se de modo cada vez mais intenso uma nova tendência de desenvolvimento que caracteriza o capitalismo tardio: *a cientificização da técnica*. Ao longo de todo o capitalismo sempre existiu a pressão institucional à elevação da produtividade do trabalho por meio da introdução de novas técnicas. Mas a inovação dependia de descobertas esporádicas, as quais podiam ser economicamente induzidas, mas possuíam ainda o caráter de um desenvolvimento natural. Isso se transformou na medida em que o desenvolvimento técnico foi acoplado ao progresso científico. Com a pesquisa industrial em grande escala, a ciência, a técnica e a valorização do capital são agregados em um único sistema. Todas se unem, ao mesmo tempo, com a pesquisa fomentada pelo Estado, que promove em primeira linha o progresso técnico e científico atrelado ao domínio militar. E da pesquisa militar retornam informações a serem aproveitadas no domínio civil da produção de bens. Com isso, técnica e ciência se transformam na primeira força produtiva que escapa às condições de aplicação da *teoria do valor trabalho* de Marx. Pois já não faz sentido computar o montante de capital para investimento em pesquisa e desenvolvimento sobre a base do valor da força de trabalho desqualificado (simples), uma vez que o progresso técnico-científico se transformou em uma fonte de mais-valia independente. A única fonte de mais-valia propriamente considerada por Marx, a força de trabalho dos produtores imediatos, tem cada vez menos peso.[17]

Enquanto as forças produtivas vinculavam-se claramente com as decisões racionais e com a ação instrumental dos homens que produziam socialmente, elas podiam ser consideradas potenciais para um crescente poder de disponibilidade técnica, mas não se confundiam com o quadro institucional no qual estavam inseridas. Com a institucionalização do progresso técnico-científico, entretanto, o potencial das forças produtivas assumiu uma forma que faz o *dualismo entre trabalho e interação retirar-se* da consciência dos homens.

Certamente, interesses sociais determinam como sempre a direção, as funções e a intensidade do progresso científico. No entanto, esses interesses definem agora de tal modo o sistema como um todo, que acabam por coincidir com o interesse pela

---

17 Löbl, *Geistige Arbeit – die wahre Quelle des Reichtums.*

Técnica e ciência como "ideologia"

manutenção do sistema. A forma privada de valorização do capital e o critério de distribuição das compensações sociais, para garantir a lealdade das massas, são mantidos *como tais* fora da discussão. Desse modo, embora ainda dependa da variável mais importante do sistema, a saber, o crescimento econômico, o progresso quase autônomo da ciência e da técnica aparece como variável independente. E assim se configura uma perspectiva segundo a qual a evolução do sistema social *parece* ser determinada pela lógica do progresso técnico e científico. A legalidade imanente desse progresso parece produzir uma pressão objetiva que tem de ser obedecida por uma política orientada à satisfação de necessidades funcionais. Quando, no entanto, essa aparência se impõe de modo efetivo, a recomendação propagandística sobre o papel da técnica e da ciência pode esclarecer e legitimar por que o processo de formação democrática da vontade perdeu nas sociedades modernas sua função perante questões práticas e "deve" ser substituído por decisões plebiscitárias acerca da composição *pessoal* do conjunto de administradores. Essa tese da tecnocracia foi desenvolvida em diferentes versões no âmbito científico.[18] Muito mais importante me parece ser que essa tese tenha também conseguido penetrar como base ideológica na consciência da massa populacional e desenvolver força legitimadora.[19] A operação peculiar dessa ideologia consiste em ter dissociado

---

18 Cf. Schelsky, *Der Mensch in der technischen Zivilisation*; Ellul, *The Technological Society*; Gehlen, *Über kulturelle Kristallisationen*; Id., *Die Philosophie und die Frage nach dem Fortschritt*.

19 Até onde conheço, as investigações empíricas não se estendem especificamente sobre a disseminação dessa ideologia de fundo. Somos assim obrigados a fazer extrapolações retiradas dos resultados das questões distintas que orientam tais pesquisas.

a autocompreensão da sociedade dos sistemas de referência da ação comunicativa e dos conceitos da interação simbolicamente mediada, substituindo-os por um modelo científico. Na mesma medida, assume o lugar da autocompreensão culturalmente determinada de um mundo da vida social a autorreificação dos homens sob categorias da ação racional com respeito a fins e do comportamento adaptativo.

O modelo pelo qual deveria ser cumprida uma reconstrução planificadora da sociedade foi retirado da análise sistêmica. É por princípio possível compreender e analisar não apenas empresas e organizações, mas também subsistemas políticos e econômicos e sistemas sociais em seu todo, segundo o modelo de sistemas autorregulados. Há certamente grandes diferenças entre a utilização de um âmbito de referência cibernético para fins analíticos e sua utilização para *criar* um sistema social como um sistema homem-máquina. Mas a transferência do modelo analítico ao âmbito organizacional da sociedade está contida na própria base da análise de sistemas. Se é seguido o padrão de uma autoestabilização de sistemas sociais, análoga à dos instintos, alcança-se a perspectiva particular de que a estrutura de um dos dois tipos de ação, a saber, a esfera funcional da ação racional com relação a fins, não apenas possui predominância diante do quadro institucional, como também absorve gradativamente a ação comunicativa enquanto tal. E se compreendemos, como faz Arnold Gehlen, que a lógica imanente do desenvolvimento técnico se desprende pouco a pouco do substrato do organismo humano e é transferido para o plano das máquinas, então aquela intenção que orienta a tecnocracia pode ser entendida como a última etapa desse desenvolvimento. Se como *homo faber* o homem pode pela primeira vez objetivar a si mesmo plenamente e, desse modo, defrontar-se com seus próprios produtos autonomizados, como *homo fabricatus* ele pode também ser integrado a seus dispositivos técnicos ao projetar a estrutura da ação racional com respeito a fins no plano dos sistemas sociais. Segundo essa ideia, o quadro institucional da sociedade, que até aqui tinha como suporte um outro tipo de ação social, *é absorvido* pelos subsistemas de ação racional com respeito a fins que nele se assentavam.

Certamente essa intenção tecnocrática não se realizou em parte alguma, nem sequer em seu princípio. Mas ela serve, por um lado, como ideologia para uma nova política dirigida à solução de problemas técnicos e que suspende as questões práticas; por outro, ela acompanha de todo modo certas tendências evolutivas que podem levar à lenta erosão daquilo que chamamos de quadro institucional. A dominação ostensiva de um Estado autoritário se vê progressivamente substituída pelas pressões manipuladoras da administração técnico-operacional. A implantação moral de uma ordem baseada em sanções e, com isso, de uma ação comunicativa que se orienta pela articulação linguística do significado e pressupõe a internalização das normas é dissolvida em uma dimensão cada vez maior por formas de comportamento condicionado, enquanto as grandes organizações se submetem cada vez mais à estrutura da ação racional com respeito a fins. As sociedades industriais avançadas parecem se aproximar de um modelo de controle do comportamento conduzido mais por estímulos externos que por normas. Essa condução indireta por meio de estímulos sociais cresce sobretudo no âmbito da aparente liberdade subjetiva (como o comportamento eleitoral, de consumo e tempo livre). O perfil psicossocial da época é caracterizado menos por uma personalidade autoritária que por uma desestruturação do superego. Esse crescimento do *comportamento adaptativo* é apenas o reverso de uma dissolução da esfera de interação linguisticamente mediada sob a pressão da estrutura de ação racional com respeito a fins. A isso corresponde, subjetivamente, que a diferença entre ação racional com respeito a fins e a interação desapareça não apenas do conhecimento científico, mas da consciência dos próprios homens. A força ideológica da consciência tecnocrática é garantida pela ocultação dessa diferença.

VII

Em consequência de ambas as referidas tendências de desenvolvimento, a sociedade capitalista se transformou de tal modo que as duas categorias-chave da teoria marxista, a saber, a de luta de classes e a de ideologia, não podem mais ser aplicadas imponderadamente.

A *luta de classes sociais* apenas se constitui como tal sobre a base do modo de produção capitalista, criando, assim, uma situação objetiva na qual podia ser retrospectivamente *conhecida* a estrutura de classes da sociedade tradicional, a qual se configurava de modo imediatamente político. O capitalismo regulado pelo Estado, que surge como reação aos perigos que o antagonismo aberto de classes representava ao sistema, promove o abrandamento dos conflitos de classes. O sistema do capitalismo tardio é de tal modo definido por uma política compensatória que assegura a lealdade das massas assalariadas (ou seja, por uma política de supressão do conflito), que o conflito próprio da valorização privada do capital, inscrito como antes na estrutura da

Técnica e ciência como "ideologia"

sociedade, possui maior probabilidade de permanecer latente. Ele é ofuscado por outros conflitos que, embora sejam também condicionados pelo modo de produção, não assumem mais a forma de conflitos de classe. Claus Offe analisou em seu trabalho já citado a situação paradoxal de que os conflitos abertos em torno de interesses sociais são conflagrados com tanta maior probabilidade quanto menos consequências a violação desses interesses traz à estabilidade do sistema. Mais potencialmente conflituosas são as necessidades que se encontram na periferia do campo de atuação estatal, já que se encontram distantes do conflito central tornado latente e, por isso, não possuem qualquer prioridade frente aos mecanismos de prevenção de risco. Elas dão origem a conflitos na medida em que a distribuição desproporcional das intervenções diversificadas do Estado gera âmbitos de desenvolvimento estagnados e tensões provenientes de suas respectivas disparidades:

A disparidade dos diferentes âmbitos da vida social observa-se, sobretudo, em atenção aos diferentes estados de desenvolvimento entre os níveis efetivamente institucionalizados e os níveis de possível progresso técnico e social: a desproporção entre os modernos aparatos industrial e militar, de um lado, e as organizações estagnadas nos sistemas de transporte, saúde e educação, de outro, é um exemplo conhecido tanto dessa disparidade dos âmbitos da vida quanto da contradição entre planejamento e regulação da política fiscal e financeira e o desenvolvimento natural de cidades e regiões. Tais contradições não podem mais ser interpretadas estritamente como antagonismos entre classes, mas sim como resultado dos processos de valorização privada do capital, imperiosos tanto como antes, acoplados a uma relação de dominação capitalista específica: segundo ela, os interesses dominantes são aqueles que, mesmo não sendo claramente localizáveis, encontram-se em virtude da mecânica da economia capitalista na posição de reagir às condições de estabilidade com a geração de riscos relevantes.

Os interesses ligados à manutenção do modo de produção não são mais "claramente localizáveis" no sistema social como interesses de classe. Pois um sistema de dominação orientado pela prevenção dos perigos que ameaçam o sistema descaracteriza a "dominação" (seja no sentido da dominação política imediata ou da dominação econômica socialmente mediada) como algo cujo exercício representa o *confronto* de um sujeito de classe com outro sujeito de classe identificáveis como grupo.

Isso não significa que as oposições de classe tenham sido superadas, mas sim se tornado *latentes*. Ainda continuam existindo distinções específicas de classe na forma de tradições subculturais e suas respectivas diferenças, não apenas de nível e estilo de vida, como também de orientação política. A isso acompanha a probabilidade (condicionada de modo socioestrutural) de que a classe dos assalariados seja mais duramente atingida do que outros grupos pelas disparidades sociais. E, finalmente, o interesse generalizado pela manutenção do sistema encontra-se ainda hoje ancorado em uma estrutura de privilégios no âmbito das chances imediatas de vida: o conceito de um interesse *completamente* independente com relação aos sujeitos viventes deveria suprimir a si mesmo. Mas a dominação política no capitalismo regulado pelo Estado acolheu em si, com a prevenção dos riscos que ameaçam o sistema, o interesse pela manutenção

Técnica e ciência como "ideologia"

de uma fachada distributiva compensatória que vai além dos limites latentes de classe.

De outro lado, o deslocamento das zonas de conflito dos limites de classe aos âmbitos subprivilegiados da vida não significa de modo algum o desaparecimento de profundos potenciais de conflito. Como os conflitos de raça nos Estados Unidos revelam de modo extremo, em determinados setores e grupos podem se acumular tantas consequências das disparidades sociais a ponto de produzir explosões que se assemelham a guerras civis. Entretanto, quando desvinculados de potenciais de protesto de outras origens, os conflitos provenientes de tais condições de *subprivilégio* podem provocar reações incompatíveis com a democracia formal, mas que são incapazes de transformar o sistema propriamente. Pois os grupos subprivilegiados não são uma classe social. E tampouco representam potencialmente a massa da população. Sua *privação de direitos* e sua pauperização não coincidem mais com a *exploração*, pois o sistema não vive de seu trabalho. Podem sim representar uma fase passada da exploração. Mas são incapazes de forçar o cumprimento das pretensões que legitimamente reivindicam suspendendo meramente a cooperação, possuindo por isso o caráter de apelo. A desatenção prolongada a suas pretensões legítimas pode fazer os grupos subprivilegiados reagirem, em casos extremos, com destrutividade e autodestrutividade disparatadas. No entanto, esse tipo de guerra civil carece das mesmas chances de êxito revolucionário da luta de classes enquanto não existirem condições de uma coalizão com grupos privilegiados.

Com uma série de restrições, esse modelo parece aplicável até mesmo às relações entre sociedades industriais desenvolvidas e seus antigos domínios coloniais do Terceiro Mundo. Também aqui a crescente disparidade tem como consequência uma forma de subprivilégio que tende a ser no futuro cada vez menos compreensível mediante as categorias de exploração. Neste âmbito, os interesses econômicos são substituídos por interesses militares imediatos.

Seja como for, na sociedade do capitalismo tardio, os grupos subprivilegiados e os privilegiados, na medida em que as fronteiras são específicas de grupos e não mais representam categorias que perpassam toda a população, já não podem ser enfrentados como classes socioeconômicas. Com isso é mediatizada a relação fundamental que se conservou em todas as sociedades tradicionais e que ganhou evidência no interior do capitalismo liberal: o antagonismo de classe entre membros que estão em uma relação institucionalizada de poder, de exploração econômica e de opressão política em que a comunicação é tão distorcida e restrita que as legitimações ideologicamente ocultas não podem ser colocadas em questão. O modelo hegeliano da totalidade ética, segundo o qual os contextos vitais são dilacerados quando *um* sujeito não satisfaz reciprocamente as necessidades *do outro*, não é mais adequado às relações mediatizadas de classe no âmbito do capitalismo tardio organizado. A dialética da eticidade é neutralizada e suscita a imagem peculiar da pós-história. E a razão para isso é que o crescimento relativo das forças produtivas não representa mais *eo ipso* um potencial excedente e de consequências emancipatórias, mediante o qual são abaladas as legitimações de uma ordem de dominação vigente. Pois a primeira força produtiva, o progresso técnico-científico, submete-se agora ao controle e se transforma ela mesma em fonte de legitimação.

Técnica e ciência como "ideologia"

Esse novo tipo de legitimação perdeu certamente sua antiga forma de *ideologia*.

A consciência tecnocrática é, por um lado, "menos ideológica" que todas as ideologias precedentes; pois não tem o poder opaco de um ofuscamento que apenas aparenta a satisfação de interesses. De outro lado, a ideologia de fundo hoje dominante, embora mais transparente, transforma a ciência em um fetiche e é mais irresistível e abrangente que as ideologias de tipo antigo, pois com o afastamento das questões práticas, não apenas justifica o interesse parcial de dominação de uma *determinada classe* e reprime as necessidades de emancipação igualmente parciais de *uma outra classe*, como também afeta o interesse emancipatório de toda a espécie enquanto tal.

A consciência tecnocrática não é nenhuma fantasia desiderativa racionalizada, nenhuma "ilusão" no sentido de Freud, com a qual um contexto de interações é representado, constituído ou fundamentado. As ideologias burguesas podiam ainda ser reduzidas à figura fundamental de uma interação justa e livre de dominação, satisfatória para ambas as partes nela envolvidas. Elas preenchiam justamente os critérios da realização de desejos e da satisfação compensatória, erguidas sobre a base de uma comunicação de tal modo restringida pelas repressões que as relações de poder institucionalizadas por meio do capital não podiam ser conhecidas por seu nome. A causalidade dos símbolos dissociados e dos motivos inconscientes, que davam origem tanto à falsa consciência quanto à força da reflexão à qual se deve a crítica da ideologia, não é mais do mesmo modo subjacente à consciência tecnocrática. Ela se mostra menos compreensível por meio da reflexão, já que não é mais *apenas* ideologia. Pois ela não expressa mais uma projeção da "vida boa", que se não podia ser identificada com a má realidade, podia ao menos ser a ela integrada com um laço virtualmente satisfatório. Certamente a nova ideologia serve, assim como a velha, para impedir a tematização dos fundamentos sociais. Anteriormente o poder social era imediatamente subjacente à relação entre capitalistas e trabalhadores assalariados; hoje são as condições estruturais que definem de antemão as tarefas de manutenção do sistema: a saber, a valorização do capital por meio da economia privada e a lealdade das massas assegurada por uma forma política de distribuição das compensações sociais. A nova e a velha ideologia se distinguem basicamente segundo dois aspectos.

Em primeiro lugar, devido a sua ligação com um modo político de distribuição voltado à lealdade dos cidadãos, a relação de capital não funda mais uma exploração e opressão *incorrigíveis*. A virtualização do persistente antagonismo de classes implica que a repressão que lhe é subjacente emergiu historicamente à consciência e que, somente então, foi estabilizada de forma modificada como um componente do sistema. A consciência tecnocrática, assim, não pode do mesmo modo repousar sobre uma repressão coletiva, como as velhas ideologias faziam. Por outro lado, a lealdade das massas apenas pode ser conquistada com a ajuda de compensações *por suas necessidades privatizadas*. A interpretação das realizações por meio das quais o sistema se justifica não pode, por princípio, ser política: ela se refere imediatamente à partilha, neutra no que concerne à sua utilização, de dinheiro e tempo livre e, mediatamente, à justificação tecnocrática da exclusão de questões práticas. Assim, a nova ideologia se diferencia da velha na medida em que se dissocia dos critérios de justificação da organização da vida comum, isto é, da regulação normativa da interação em

Técnica e ciência como "ideologia"

geral (e nesse sentido os despolitiza), atrelando-os, por sua vez, às funções subordinadas do sistema de ação racional com respeito a fins.

Na consciência tecnocrática não se reflete a dissolução de uma totalidade ética, mas o recalque da "eticidade" como uma categoria para as relações vitais de modo geral. A consciência positivista vulgar coloca fora de questão o sistema de referência das interações baseadas na linguagem cotidiana, onde a dominação e a ideologia surgem sob condições de uma comunicação distorcida e que, por seu meio, também podem ser reflexivamente perscrutadas. A despolitização da massa da população, legitimada pela consciência tecnocrática, é ao mesmo tempo uma auto-objetificação do homem em categorias tanto da ação racional com respeito a fins quanto do comportamento adaptativo: os modelos reificados da ciência imigram para o mundo da vida e ganham um poder objetivo sobre a autocompreensão social. O núcleo ideológico dessa consciência é a *eliminação da diferença entre práxis e técnica* – um reflexo, mas não o conceito, da nova constelação entre o quadro institucional destituído de poder e os sistemas de ação racional com respeito a fins que se tornaram independentes.

Desse modo, a nova ideologia fere um interesse inerente a uma das duas condições fundamentais de nossa existência cultural: a linguagem ou, mais exatamente, a forma de socialização e individuação determinada pela comunicação linguística. Esse interesse se estende tanto à manutenção de uma intersubjetividade do entendimento, quanto ao estabelecimento de uma comunicação livre de dominação. A consciência tecnocrática faz desaparecer esse interesse prático por trás do interesse pela expansão do nosso poder de disposição técnica. A reflexão que desafia a nova ideologia tem de remontar a algo anterior a um interesse de classe historicamente determinado e revelar o complexo de interesses de uma espécie que se constitui a si mesma.[20]

VIII

Se a relativização do campo de aplicação do conceito de ideologia e da teoria das classes de fato se confirma, então é necessário reformular também o quadro categorial segundo o qual Marx desenvolveu as *hipóteses fundamentais do materialismo histórico*. O vínculo entre forças produtivas e relações de produção teria de ser substituído pela relação mais abstrata entre trabalho e interação. As relações de produção representam um domínio no qual se ancorava o quadro institucional da sociedade apenas durante a fase de desenvolvimento do capitalismo liberal – o que não se verifica nem antes, nem depois dela. As forças produtivas, por outro lado, na medida em que acumulam processos de aprendizagem organizados nos subsistemas de ação racional com respeito a fins, são de fato o motor da evolução social desde o princípio, mas não parecem representar *sob quaisquer circunstâncias*, como Marx supunha, um potencial de liberação e deflagração de movimentos emancipatórios – e deixam de sê-lo, em todo caso, desde que o aumento contínuo das forças produtivas tornou-se dependente de um progresso técnico-científico que assume *ao mesmo tempo a função de legitimar a dominação*. Eu suponho que um sistema de referência desen-

---

20 Cf. Habermas, Conhecimento e interesse, p.167 do presente volume.

Técnica e ciência como "ideologia"

volvido nos termos da relação análoga e, no entanto, mais geral de quadros institucionais (interação) e subsistemas de ação racional com respeito a fins ("trabalho" no sentido amplo de ação instrumental e ação estratégica) serve-nos melhor para reconstruir os estágios socioculturais da história da espécie.

Alguns indícios mostram que durante o longo *período inicial* até fins do Mesolítico, as ações racionais com respeito a fins podiam apenas ser motivadas por meio de uma vinculação ritual com as interações. Um âmbito profano de subsistemas de ação racional com respeito a fins parece ter se diferenciado de interpretações e formas de ação comunicativamente mediadas somente nas primeiras *culturas sedentárias* baseadas no plantio e na criação de animais. Contudo, apenas as *condições civilizatórias* das sociedades de classes estatalmente organizadas devem ter permitido uma diferenciação tão profunda entre trabalho e interação, a ponto de os subsistemas produzirem um saber tecnicamente utilizável que pôde ser acumulado e expandido com relativa independência das interpretações de mundo; por outro lado, as normas sociais se separaram ali das tradições legitimadoras da dominação, de tal modo que a "cultura" ganha certa independência perante as "instituições". O limiar da *modernidade* seria então caracterizado por meio desse processo de racionalização que se instaura com a perda da "invulnerabilidade" do quadro institucional pelos subsistemas de ação racional com relação a fins. As legitimações tradicionais tornam-se criticáveis mediante critérios da racionalidade típica das relações de meios-fins; informações provenientes do âmbito dos saberes tecnicamente utilizáveis se infiltram de modo concorrente na tradição e forçam uma reconstrução das interpretações tradicionais de mundo.

Nós acompanhamos esse processo de "racionalização de cima para baixo" até o ponto em que a técnica e a ciência mesmas passaram a assumir o papel de uma ideologia que substitui as desmanteladas ideologias burguesas na forma de uma consciência positivista comum, articulada com a consciência tecnocrática. Esse é o ponto alcançado com a crítica da ideologia burguesa: e é também o ponto de partida da ambiguidade do conceito de racionalização. Essa ambiguidade é decifrada por Horkheimer e Adorno como dialética do esclarecimento; e a dialética do esclarecimento, por sua vez, é agudizada por Marcuse com a tese: a técnica e a ciência tornaram-se elas mesmas ideológicas.

O modelo de desenvolvimento sociocultural da espécie foi determinado desde o início por meio de um crescente poder de disposição técnica sobre as condições externas da existência, de um lado, e por uma adaptação mais ou menos passiva do quadro institucional à expansão dos subsistemas de ação racional com respeito a fins, de outro. A ação racional com respeito a fins representa a forma de *adaptação ativa* que diferencia a *autoconservação* coletiva de sujeitos socializados do tipo de conservação própria de espécies animais. Nós sabemos como submeter as condições necessárias de vida ao controle, isto é, como adaptar culturalmente o ambiente a nossas necessidades ao invés de termos de adaptar nós mesmos à natureza externa. No entanto, as modificações do quadro institucional, na medida em que provêm mediata ou imediatamente das novas tecnologias ou de aperfeiçoamentos estratégicos (nas esferas da produção, da circulação, da defesa etc.) não assumem as mesmas formas de adaptação ativa. De modo geral, tais modificações seguem o modelo de uma *adaptação passiva*. Elas não são

Técnica e ciência como "ideologia"

resultado de uma ação planejada, racional com respeito a fins e controlada pelo êxito, mas resultado de um desenvolvimento espontâneo. Contudo, essa divergência entre adaptação ativa e passiva não pôde ser levada à consciência enquanto a dinâmica do desenvolvimento capitalista permanecia encoberta pelas ideologias burguesas. Apenas com a crítica da ideologia burguesa essa divergência passa a penetrar abertamente a consciência.

O testemunho mais impressionante dessa experiência continua sendo o *Manifesto comunista*. Marx exalta em termos efusivos o papel revolucionário da burguesia: "A burguesia não pode existir sem revolucionar continuamente os instrumentos de produção, as relações de produção e, por consequência, as relações sociais em seu todo". E em outra passagem:

> Em sua dominação de classe de apenas cem anos, a burguesia desenvolveu forças produtivas mais massivas e colossais que todas as gerações anteriores juntas. A submissão das forças naturais, a maquinaria, a utilização da química na indústria e na agricultura, a navegação a vapor, as estradas de ferro, o telégrafo elétrico, a urbanização de todo o planeta, a navegabilidade dos rios, o surgimento de populações inteiras como que brotando por debaixo da terra [...]!

Marx percebe também a repercussão dessas transformações no quadro institucional da sociedade:

> São dissolvidas todas as relações fixas e enferrujadas com seu cortejo de representações e visões veneráveis, de modo que todas as novas relações envelhecem antes que possam ser devidamente

solidificadas. Tudo o que é estamental e estagnado evapora, tudo o que é sagrado torna-se profanizado e o homem é finalmente obrigado a enxergar de forma sóbria suas relações recíprocas.

A essa desproporção entre adaptação passiva do quadro institucional e a "submissão ativa da natureza" corresponde a conhecida asserção de que os homens fazem sua história, mas não com vontade e consciência. Era também objetivo da crítica de Marx transformar essa adaptação secundária do quadro institucional em uma adaptação ativa e submeter as transformações estruturais da sociedade ao controle consciente. Com isso seria superada uma relação fundamental de toda a história transcorrida até então e consumada, enfim, a autoconstituição da espécie: o fim da pré-história. Mas essa ideia era posta de forma equívoca.

Marx enxergava certamente esse problema – de construir a história com vontade e consciência – como uma tarefa do domínio *prático* sobre os processos de evolução social, que se apresentavam até então fora do controle. Outros o consideraram, entretanto, como uma tarefa puramente *técnica*: eles queriam submeter a sociedade ao controle da *mesma forma* que fora feito com a natureza, isto é, através de sua reconstrução segundo o modelo dos sistemas autorregulados de ação racional com relação a fins e do comportamento adaptativo. Essa intenção encontra-se não apenas entre os tecnocratas do planejamento capitalista, como também entre aqueles do socialismo burocrático. A consciência tecnocrática, entretanto, obscurece o fato de que o quadro institucional apenas poderia ser submetido ao modelo dos sistemas de ação racional com respeito a fins ao preço da dissolução de sua dimensão mais essencial, porque

Técnica e ciência como "ideologia"

a única condizente à pretendida "humanização", a saber, sua peculiaridade como contexto de interação linguisticamente mediado.

O repertório das técnicas de controle será consideravelmente ampliado no futuro. Na lista produzida por Hermann Kahn sobre as prováveis inovações técnicas dos próximos 33 anos[21] é possível encontrar entre os primeiros cinquenta títulos um grande número de técnicas de controle do comportamento e de modificação da personalidade:

> *30. New and possibly pervasive techniques for surveillance, monitoring and control of individuals and organizations; 33. new and more reliable "educational" and propaganda techniques effecting human behavior – public and private; 34. practical use of direct electronic communication with and stimulation of the brain; 37. new and relatively affective counterinsurgency techniques; 39. new and more varied drugs for control of fatigue, relaxation, alertness, mood, personality, perceptions and fantasies; 41. improved capability to "change" sex; 42. other genetic control or influence over the basic constitution of an individual.**

---

21 Kahn, *Toward the Year 2000*.

* Trad.: "30. novas e invasivas técnicas de vigilância, monitoramento e controle de indivíduos e organizações; 33. novas e mais seguras técnicas 'educacionais' e de propaganda capazes de afetar o comportamento humano – público e privado; 34. usos práticos de comunicação eletrônica direta e de estímulos do cérebro; 37. novas e eficientes técnicas de contrainsurgência; 39. novas e mais variadas drogas para o controle da fadiga, do relaxamento, da disposição, do humor, da personalidade, da percepção e das fantasias; 44. capacidades melhoradas de 'mudança' de sexo; 42. outros controles genéticos ou influência sobre a constituição básica de um indivíduo." (N. T.)

Um prognóstico desse tipo é sem dúvida nenhuma bastante discutível. Mas ainda assim significa um campo de possibilidades futuras de tornar o comportamento humano desvinculado de um sistema de normas ligadas à gramática dos jogos de linguagem e integrá-lo, em seu lugar, a sistemas autorregulados do tipo homem-máquina por meio da influência física ou psicológica imediata. Manipulações psicotécnicas do comportamento já são hoje capazes de neutralizar os desvios a normas internalizadas, mas sujeitas à reflexão. Intervenções biotécnicas no sistema de controle endócrino e, sobretudo, intervenções na transferência genética de informações hereditárias poderiam amanhã tornar o controle do comportamento ainda mais profundo. Dessa forma, veríamos plenamente exauridas as antigas zonas de consciência desenvolvidas comunicativamente por meio da linguagem cotidiana. Nesse estágio da técnica humana, caso pudéssemos falar do fim das manipulações psicológicas em um sentido parecido com o qual se fala hoje do fim das ideologias políticas, teríamos então vencido a alienação natural, o atraso não controlado do quadro institucional da sociedade. Mas a auto-objetificação do homem teria se consumado em uma forma de alienação planejada – os homens fariam sua história com vontade, mas não com consciência.

Não defendo que essa fantasia cibernética de uma autoestabilização da sociedade análoga aos instintos esteja em vias de realização ou que seja mesmo realizável algum dia. Mas penso que ela leva ao extremo, na forma de uma utopia negativa, os vagos pressupostos básicos da consciência tecnocrática, explicitando desse modo a linha evolutiva caracterizada pela dominação suave da ciência e da técnica como ideologia. E principalmente, sua apresentação deixa claro que devemos dis-

Técnica e ciência como "ideologia"

tinguir *dois conceitos de racionalização*. No plano dos subsistemas de ação racional com respeito a fins, o progresso técnico-científico já forçou uma reorganização de instituições e esferas sociais e parece exigi-las em escalas cada vez maiores. Mas esse processo de expansão das forças produtivas somente representa um potencial de libertação caso não substitua a racionalização em outro âmbito. *A racionalização do quadro institucional* pode ser operada apenas no *medium* da interação linguisticamente mediada; ou seja, através do *desbloqueio da comunicação*. Uma discussão pública, sem entraves e livre de dominação acerca da adequação e desejabilidade dos princípios e normas que orientam a ação, à luz dos efeitos socioculturais do progresso dos subsistemas de ação racional com respeito a fins — uma comunicação desse tipo, em todos os âmbitos políticos (e repolitizados) dos processos de formação da vontade, é o único *medium* no qual algo como uma "racionalização" é possível.

Em um tal processo de reflexão generalizada, as instituições teriam sua organização específica transformada para além de uma mera mudança em sua forma de legitimação. A racionalização das normas sociais seria caracterizada por um grau decrescente de repressão (o que no campo das estruturas de personalidade representaria um aumento da tolerância perante os conflitos de papéis); por um grau decrescente de rigidez (o que representaria a multiplicação das possibilidades de uma adequada autoapresentação individual no interior das interações cotidianas) e, finalmente, pela aproximação de um tipo de controle do comportamento que permitiria um distanciamento dos papéis sociais fixos e uma flexibilidade na aplicação de normas sociais internalizadas e sujeitas à reflexão. Uma racionalização que se mede por transformações produzidas nessa três dimensões não nos leva, como a racionalização própria dos sistemas de ação racional com relação a fins, ao aumento do poder de disposição técnica sobre os processos objetivados da natureza e da sociedade; não conduz *per se* a um melhor funcionamento dos sistemas sociais, mas proporcionaria aos membros da sociedade oportunidades de uma individuação progressiva e emancipação mais abrangente. O aumento das forças produtivas não coincide com o desejo de uma "vida boa", mas pode ser colocado a seu serviço.

Tampouco acredito que a figura de pensamento de um potencial tecnológico excedente, que não pode ser plenamente utilizado dentro de um quadro institucional mantido repressivamente (Marx fala em forças produtivas "represadas"), seja ainda adequada ao capitalismo regulado pelo Estado. O melhor aproveitamento de potenciais produtivos não realizados conduz à melhoria do aparato econômico-industrial, mas hoje não conduz mais *eo ipso* a uma modificação do quadro institucional com consequências emancipatórias. A pergunta não é se *esgotamos* os potenciais disponíveis ou ainda por desenvolver, mas se *escolhemos* aqueles que podemos querer em vista de uma existência pacífica e satisfeita. Há de se acrescentar, no entanto, que essa pergunta pode ser aqui apenas colocada, mas não respondida de antemão; ela exige uma comunicação sem entraves sobre os objetivos da práxis de vida, cuja tematização encontra profunda resistência no interior de uma esfera pública estruturalmente despolitizada, própria do capitalismo tardio.

IX

Ao invés de um antagonismo de classes virtualizado e das disparidades colocadas à margem do sistema, uma nova zona

Técnica e ciência como "ideologia"

de conflitos pode surgir apenas ali onde a sociedade do capitalismo tardio precisa se imunizar contra os questionamentos da ideologia tecnocrática de fundo por meio da despolitização das massas populacionais: justamente no sistema da esfera pública administrada pelos meios de comunicação de massa. Pois é ali que se cumpre o ocultamento, sistemicamente necessário, da diferença entre o progresso dos subsistemas de ação racional com respeito a fins e a transformação emancipatória do quadro institucional – isto é, entre questões técnicas e questões práticas. As definições permitidas ao público se referem ao *que* queremos para viver, mas não a *como* gostaríamos de viver se *pudéssemos* de fato decidir em face da realização dos potenciais disponíveis.

É muito difícil elaborar um prognóstico sobre quem poderia reavivar essa zona de conflito. Nem o velho antagonismo de classes, nem os novos tipos de subprivilégio possuem potenciais de protesto que tendam, por sua própria origem, à repolitização de uma esfera pública estéril. O único potencial de protesto que se dirige às novas zonas de conflito por meio de interesses reconhecíveis surge, por enquanto, entre determinados grupos de estudantes e alunos. A respeito disso podemos aqui partir de três constatações.

1. O grupo de protesto dos estudantes e alunos é um grupo privilegiado: ele não representa qualquer interesse imediatamente derivado de sua posição social e que pudesse ser satisfeito em conformidade ao sistema pelo aumento de compensações sociais. As primeiras pesquisas americanas[22] sobre o ativismo

---

22 Lipset, Altbach, Student Politics and Higher Education in USA; Flacks, The Liberated Generation. An Exploration of the Roots of Student Protest, *Journ. Soc. Issues*; Keniston, The Sources of Student Dissent, *Journ. Soc. Issues*.

estudantil comprovam que a maior parte de seus membros não era proveniente das parcelas dos estudantes em ascensão social, mas sim das camadas de *status* mais favorecidas, recrutadas entre os estratos sociais mais beneficiados economicamente.

2. A legitimação oferecida pelo sistema de dominação não parece convincente a esses grupos segundo razões plausíveis. O programa compensatório com o qual o Estado social substitui as decadentes ideologias burguesas possui uma orientação precisa de *status* e rendimento. No entanto, segundo as mencionadas pesquisas, os ativistas estudantis são menos orientados de modo privatista pela carreira profissional e pela constituição futura de família que os demais estudantes. Seu desempenho acadêmico é no geral acima da média e sua proveniência social não provoca um horizonte de expectativas determinado pela pressão antecipada do mercado de trabalho. Os estudantes ativistas, que com relativa frequência são provenientes das áreas das ciências sociais, história e filologia, parecem bastante imunes à consciência tecnocrática, uma vez que, mesmo por motivos diferentes, as experiências primárias de seu trabalho científico peculiar não se harmonizam com os pressupostos tecnocratas fundamentais.

3. Nesse grupo o conflito não é deflagrado pela quantidade de disciplina e obrigações exigidas, mas sim pelo *tipo* de renúncias que a ele se impõem. Estudantes e alunos não lutam por uma porcentagem maior das compensações disponibilizadas segundo as categorias correspondentes, tais como renda e tempo livre. Seu protesto se dirige mais propriamente contra a ideia mesma de "compensação". Os poucos dados existentes parecem comprovar a suposição de que o protesto de jovens vindos de famílias burguesas não corresponde mais ao modelo,

Técnica e ciência como "ideologia"

habitual há gerações, do conflito de autoridade. Os estudantes ativistas possuem preponderantemente pais que compartilham suas opiniões críticas; com significativa frequência eles cresceram em ambientes com maior compreensão psicológica e princípios educacionais mais liberais que os grupos não ativos.[23] Sua socialização parece ter sido cumprida em subculturas isentas de pressões econômicas mais imediatas, nas quais as tradições da moral burguesa e suas derivações pequeno-burguesas perderam sua função, de tal forma que a formação para a mudança de registro e adaptação às orientações de valor dos sistemas de ação racional com respeito a fins não resultaram em sua fetichização. Essas técnicas educacionais podem possibilitar experiências e favorecer orientações que se chocam com a *forma de vida* conservadora herdada de uma economia da pobreza. Sobre esse alicerce pode se erguer uma desaprovação de princípio acerca da reprodução sem sentido de virtudes e sacrifícios excessivos – desaprovação pelo fato de a vida individual, apesar do alto nível de desenvolvimento tecnológico, permanecer determinada pelas exigências do trabalho profissional, pela ética da competitividade e desempenho, pela

---

23 Cf. Flacks, The Liberated Generation. An Exploration of the Roots of Student Protest, *Journ. Soc. Issues*: "*Activists are more radical than their parents; but activist's parents are decidedly more liberal than others of their status*". "*Activism is related to a complex of values, not ostensible political, shared by both the students and their parents.*" "*Activists' parents are more 'permissive' than parents of non-activists.*" [Trad.: "Os ativistas são mais radicais que seus pais; mas os pais dos ativistas são, decididamente, mais liberais que outros de seu *status*". "O ativismo é relacionado a um complexo de valores, não ostensivamente político, compartilhado tanto pelos estudantes como por seus pais." "Os pais de ativistas são mais 'permissivos' que os pais de não ativistas." – N. E.]

pressão da concorrência, pelo valor da reificação possessiva e da satisfação pelo consumo; pela necessidade ainda manifesta da luta institucionalizada pela existência, pela disciplina do trabalho alienado e pela eliminação da sensualidade e da satisfação estética.

Diante dessa sensibilidade deve se tornar insuportável a eliminação estrutural de questões práticas da esfera pública despolitizada. Uma força política apenas poderia surgir daí se essa sensibilização desse origem a um problema sistemicamente insolúvel. Eu vejo um tal problema no futuro. A medida da riqueza social produzida por um capitalismo industrialmente desenvolvido, bem como as condições técnico-organizacionais sob as quais essa riqueza é produzida tornam cada vez mais difícil vincular a atribuição de *status* aos mecanismos de avaliação do desempenho individual de uma maneira ao menos subjetivamente convincente.[24] Dessa forma, os protestos estudantis poderiam a longo prazo destruir de forma duradoura a ideologia do desempenho que já ameaça ruir e, com isso, fazer desabar a base de legitimação do capitalismo tardio, a qual, apesar de frágil, ainda se encontra protegida pela despolitização.

1968

---

24 Cf. Heilbronner, *The Limits of American Capitalism.*

Progresso técnico
e mundo da vida social

I

Desde que C. Snow publicou o livro *The Two Cultures* [As duas culturas], em 1959, teve início uma longa discussão, não apenas na Inglaterra, sobre a relação entre ciência e literatura. No sentido de *Science*, a ciência é limitada ali às ciências estritamente experimentais, enquanto a literatura é compreendida de modo mais amplo, incluindo também aquilo que chamamos de interpretação no âmbito das ciências do espírito. O ensaio com o qual Aldous Huxley se inscreve nessa controvérsia, intitulado *Literature and Science* [Literatura e ciência], restringe-se claramente a uma confrontação entre ciências naturais e literatura no campo das "belas letras".

Huxley distingue ambas as culturas, em primeiro lugar, sob o aspecto das experiências específicas por cada uma consideradas: a literatura versaria sobre experiências de ordem primordialmente privadas e a ciência, sobre experiências intersubjetivamente acessíveis. Estas podem ser expressadas segundo uma linguagem formalizada, que mediante o uso de definições gerais, podem ser aplicadas por quem quer que seja. A linguagem da literatura, ao contrário, tem de verbalizar o irreprodutível e estabelecer, conforme o caso, a intersubjetividade do entendimento. Mas essa diferença entre experiências privadas e públicas permite-nos apenas uma primeira aproximação do problema. O momento de inefabilidade que a expressão literária deve sobrelevar não decorre exatamente do fato de se referir a uma experiência enclausurada na subjetividade, de uma experiência privada, mas do fato de essa experiência se constituir no horizonte de uma história de vida. Os acontecimentos a cuja conexão se dirigem as hipóteses nomológicas da ciência podem realmente ser descritos em um sistema de coordenadas espaço-temporais, mas não são elementos de um mundo:

> O mundo com o qual a literatura se ocupa é o mundo no qual os homens nascem, vivem e, finalmente, morrem; o mundo no qual amam e odeiam; em que experimentam o triunfo e a humilhação, a esperança e o desespero; o mundo dos sofrimentos e dos prazeres, da loucura e do senso comum, da tolice, da astúcia e sabedoria; o mundo de todos os tipos de pressões sociais e impulsos individuais, da dualidade entre razão e paixão, entre instintos e convenções, entre a linguagem comum e os sentimentos e emoções não compartilháveis.[1]

A ciência, inversamente, não se ocupa com um tal mundo da vida de grupos sociais e indivíduos socializados, constituído de modo perspectivista, preso à centralidade do eu e previamente interpretado segundo a linguagem cotidiana:

---

1 Huxley, *Literatur und Wissenschaft*, p.14.

Técnica e ciência como "ideologia"

o químico, o físico e o fisiologista são habitantes de um mundo por princípio diverso – não o universo dos fenômenos dados, mas o mundo de estruturas abertas e extremamente apuradas; não o mundo experimentado como acontecimentos singulares e propriedades incontáveis, mas o mundo de regularidades quantificadas.

Ao *mundo da vida social* Huxley contrapõe o *universo sem mundo dos fatos*. E ele enxerga também claramente o modo como a ciência transfere suas informações sobre esse universo sem mundo ao mundo da vida de grupos sociais:

> Saber é poder e, de modo aparentemente paradoxal, cientistas naturais e tecnólogos, por meio de seus saberes sobre o mundo sem vida das abstrações e inferências, passam a adquirir o enorme e crescente poder de dirigir e transformar o mundo em que os homens têm o privilégio e a necessidade de viver.[2]

Mas Huxley não admite o problema sobre a relação entre ambas as culturas no ponto em que as ciências intervêm no mundo da vida social por meio da utilização técnica de suas informações, mas postula uma relação imediata: a literatura deve assimilar os enunciados científicos como tais para que a ciência possa assumir "uma figura de carne e osso". Haverá de aparecer um poeta que nos diga

> como deveriam soar poeticamente as palavras obscurecidas da tradição e as palavras excessivamente precisas dos livros científicos

---

2 Ibid., p.15.

para que elas se mostrem aptas a pôr nossas experiências privadas, não compartilháveis como tais, em consonância com as hipóteses científicas que permitem compreendê-las.[3]

Tal como compreendo, esse postulado repousa em um mal-entendido. As informações estritamente científicas apenas podem ser inseridas no mundo da vida social pelos meios de sua utilização técnica, isto é, como saber tecnológico: aqui elas servem à expansão de nosso poder de disponibilidade técnica. Por conseguinte, elas não se encontram no mesmo plano que o da autocompreensão que orienta a ação de grupos sociais. Para seu saber prático, que a literatura dá expressão, o conteúdo informativo das ciências não possui imediatamente relevância – ele apenas adquire significado por meio das consequências práticas do progresso técnico. Os conhecimentos da física atômica, tomados em si mesmos, permanecem sem consequências para a interpretação de nosso mundo da vida – o que torna o abismo entre essas duas culturas inevitável. Apenas quando são realizadas fissões nucleares com o amparo das teorias físicas, isto é, apenas quando as informações científicas são aproveitadas para o desenvolvimento das forças produtivas ou destrutivas, suas impactantes *consequências práticas* podem penetrar a consciência literária do mundo da vida – poesias são escritas à luz de Hiroshima e não sobre as hipóteses acerca da transformação de massa em energia.

A ideia de uma poesia nuclear utilizável como hipótese de trabalho parte de pressupostos falsos. Ela apreende apenas parte do problema abrangente vinculado à relação entre literatura e

---

3 Ibid., p.117.

Técnica e ciência como "ideologia"

ciência, a saber: o problema de como é possível uma *tradução do conhecimento tecnicamente utilizável na consciência prática de um mundo da vida social.* Essa questão não coloca apenas à mostra, e nem em primeira linha, uma nova tarefa a ser desempenhada pela literatura. Não somente por isso a discrepância entre ambas as culturas mostra-se inquietante, mas fundamentalmente porque nessa aparente disputa entre duas tradições espirituais concorrentes esconde-se, na verdade, um problema central da civilização cientificizada: o problema de como se pode conduzir uma reflexão sobre a relação, ainda hoje naturalizada, entre progresso técnico e mundo da vida social, submetendo-a ao controle de uma discussão racional.

Certamente que questões práticas ligadas ao governo do Estado, à organização estratégica e à administração fizeram uso da aplicação do conhecimento técnico também no passado. Todavia, o problema de uma transformação do saber técnico em consciência prática altera-se hoje não apenas quantitativamente. O conjunto do saber técnico não se limita mais às técnicas pragmaticamente adquiridas das manufaturas tradicionais, mas tomou a forma de informações científicas que podem ser aproveitadas tecnologicamente. De outro lado, as tradições que conduzem o comportamento já não determinam a autocompreensão das sociedades modernas de modo tão ingênuo. O historicismo rompeu com a validade natural dos sistemas de valores que orientam a ação. A autocompreensão dos grupos sociais e sua imagem de mundo articulada segundo a linguagem cotidiana são hoje mediadas através de uma apropriação hermenêutica das tradições enquanto tais. Nessa situação, questões da vida prática requerem uma discussão racional que não se reduz nem à aplicação de meios técnicos, nem à aplicação de normas tradicionais de comportamento em si mesmas consideradas. A reflexão requerida tem de sobrepujar a produção de conhecimento técnico e a clarificação hermenêutica das tradições; ela se estende para além do emprego de meios técnicos em situações históricas cujas condições objetivas (potenciais, instituições, interesses) são interpretadas, respectivamente, no quadro de uma autocompreensão tradicionalmente determinada.

II

Essa problemática foi trazida à consciência há apenas uma ou duas gerações. No século XIX era possível sustentar a ideia de que as ciências se inscrevem na práxis da vida por meio de duas vias: pela utilização técnica de informações científicas e pelos processos de formação individual em ciências. No sistema universitário alemão, que remonta à reforma de Humboldt, nos prendemos até hoje à convicção de que a ciência retira sua força orientadora da ação através dos processos de formação que envolvem a biografia individual dos estudantes. No entanto, gostaria de mostrar que essa intenção, chamada por Fichte de "transformação do saber em obra", já não pode ser realizada hoje na esfera privada da formação individual, podendo ser cumprida apenas na esfera politicamente relevante da tradução dos saberes tecnicamente utilizáveis ao contexto de nosso mundo da vida. Certamente que a literatura pode também trazer contribuições, mas esse problema passa a ser colocado, em primeira linha, às próprias ciências.

Na passagem do século XVIII para o XIX, isto é, na época de Humboldt, não se podia ainda no contexto alemão formar

Técnica e ciência como "ideologia"

conceito algum acerca de uma possível cientificização dos assuntos externos. Por esse motivo, a reforma universitária não precisava romper seriamente com a tradição da filosofia prática. As estruturas de um mundo do trabalho pré-industrial, que foram mantidas, apesar das profundas revoluções na ordem política, permitiram que fosse preservada pela última vez a ideia clássica da relação entre teoria e práxis: as habilidades técnicas utilizadas na esfera do trabalho social não eram transmitidas através de uma instrução teórica imediata, mas sim adquiridas pragmaticamente pelos modos tradicionais de seu exercício. A teoria – que se referia à essência imutável das coisas e que, dessa forma, situava-se acima do âmbito mutável dos negócios humanos – apenas adquiria validade para a práxis na medida em que marcava os hábitos de vida dos homens que a ela se dedicavam, permitindo a dedução de um conjunto de normas para o comportamento individual a partir da compreensão do cosmos em seu todo. Desse modo, ela assumia uma figura positiva através da ação dos homens filosoficamente cultivados. A ideia de formação universitária não iniciou em si mesma qualquer relação nova da teoria para com a práxis; mesmo onde Schelling tenta dar à práxis dos médicos uma base científica por meio da filosofia da natureza, o *ofício* da medicina é transformado inadvertidamente em um *guia para a ação* do médico: o médico deve se orientar pelas ideias deduzidas da filosofia da natureza da mesma forma como o sujeito que age eticamente se orienta pelas ideias da razão prática.

Entretanto, todos sabemos que a cientificização da medicina apenas se cumpre na medida em que os aspectos pragmáticos do ofício médico podem ser transformados no poder de disponibilidade sobre processos naturais isolados, sob o controle da ciência experimental. Isso é valido também para outros âmbitos do trabalho social: seja no que se refere à produção de bens, à direção e administração de empresas, à construção de máquinas, ruas e aviões, à influência no comportamento eleitoral, mercantil ou no comportamento do tempo ocioso – em todos esses casos, a prática profissional correspondente tem de adquirir a forma da disponibilidade técnica sobre processos objetivados.

Naquela época, a máxima de que a ciência possui uma função formativa requeria uma separação estrita entre universidade e as escolas técnicas, já que as formas pré-industriais da prática profissional se fechavam contra a formação teórica. Hoje os processos de pesquisa estão acoplados a sua transformação técnica e utilização econômica, isto é, a ciência está vinculada à produção e administração no sistema de trabalho das sociedades industriais: a aplicação da ciência à técnica e a retroaplicação dos processos técnicos à pesquisa científica se tornaram a substância do mundo do trabalho. A rígida rejeição contra a degeneração da universidade em escolas especializadas não pode mais apelar ao velho argumento. A forma universitária do estudo não deve hoje se resguardar contra a esfera do trabalho como se esta fosse ainda estranha à ciência, mas, ao contrario, é a ciência que ao perpassar a práxis profissional tornou-se alienada de sua função formativa. A convicção filosófica do idealismo alemão de que a ciência educa não é mais adequada às ciências experimentais estritamente compreendidas. Antigamente, a teoria podia se transformar em um *poder prático* por meio da formação; hoje temos de lidar com teorias que, de modo não prático, isto é, sem se referir explicitamente à ação dos homens em sua interação cotidiana,

Técnica e ciência como "ideologia"

podem se converter, entretanto, em *poder* técnico. Por certo, as ciências proporcionam agora uma capacidade específica: mas essa capacidade de disposição ensinada por elas não é a mesma capacidade de viver e de agir que antes se esperava dos homens cientificamente instruídos.

Aqueles que passavam pelo processo de formação dispunham de uma orientação para ação. Essa formação era universal somente no sentido da universalidade de um horizonte de mundo perspectivista, segundo o qual as experiências científicas podiam ser interpretadas e convertidas em capacidades, isto é, em uma consciência reflexiva acerca daquilo que é necessário praticamente. Hoje, *o tipo* de experiência que podemos aceitar como científica segundo os critérios positivistas não é capaz de ser convertido em práxis. A *capacidade de disposição* que as ciências empíricas possibilitam não pode ser confundida com um potencial para a *ação esclarecida*. Mas, com isso, a ciência ficaria dispensada por completo da tarefa de orientação da ação? Ou não teríamos de assumir a questão da formação acadêmica como um problema da própria ciência no âmbito de uma civilização transformada por meios científicos?

Primeiro, os processos produtivos foram revolucionados pelo método científico; depois disso, as expectativas de um funcionamento tecnicamente correto foram transmitidas também aos âmbitos sociais que haviam assumido independência com a industrialização do trabalho, sendo com isso submetidos a uma organização planejada. O poder de disposição técnica sobre a natureza que a ciência torna possível é hoje estendido diretamente também à sociedade; para cada sistema social isolável, para todo âmbito cultural autonomizado, cujas relações podem ser analisadas de forma imanente pelas finalidades sistêmicas pressupostas, surge uma nova disciplina de ciências sociais encarregada de estudá-lo. Mas na mesma medida em que os problemas de ordem técnica são solucionados cientificamente, eles se transformam em tantos outros problemas de vida; pois os controles científicos dos processos sociais e naturais — em uma palavra: as tecnologias — não dispensam o homem da ação. Assim como antes, conflitos têm de ser resolvidos, interesses reivindicados e interpretações encontradas através de ações e negociações ligadas à linguagem cotidiana. A diferença é que essas questões práticas são, a partir de agora, amplamente determinadas pelo sistema de nosso desempenho técnico.

Se a técnica deriva da ciência — e me refiro aqui à técnica que permite não apenas a dominação da natureza, mas também influenciar o comportamento humano —, então a *penetração dessa técnica no mundo da vida prático*, que restabelece a disposição técnica em âmbitos particulares da comunicação entre agentes, exige por princípio uma reflexão científica. O horizonte pré-científico de experiências é infantilizado quando se vê obrigado a se adaptar ingenuamente aos produtos de uma racionalidade absolutamente carregada de tensões.

O processo de formação não pode mais se restringir à dimensão ética da atitude pessoal; no que se refere à dimensão política tratada aqui, a orientação teórica da ação deve resultar de uma compreensão do mundo explicitada cientificamente. A relação entre progresso técnico e mundo da vida social, bem como a tradução de informações científicas à consciência prática, não são matérias da formação privada.

Técnica e ciência como "ideologia"

III

Gostaria de reformular esse problema no sistema de referência da formação política da vontade. Para o que segue, pretendemos entender por "técnica" a capacidade de disposição cientificamente racionalizada sobre processos objetivados; com isso nos referimos assim ao sistema no qual a pesquisa e a técnica se fundem com a economia e a administração. Além disso, vamos entender por "democracia" as formas institucionalmente asseguradas de uma comunicação geral e pública que se ocupa de questões práticas: como os homens podem e querem viver uns com os outros sob as condições objetivas de seu poder de disposição imensamente ampliado? Nosso problema pode ser assim colocado como uma questão acerca da relação entre técnica e democracia: como o poder de disposição técnica pode ser reintegrado ao consenso de cidadãos engajados na ação e negociação?

Gostaria inicialmente de discutir duas respostas opostas a esse problema. A primeira é aquela que pode ser extraída, grosso modo, da teoria marxista. Com efeito, Marx critica o contexto da produção capitalista como um poder que se faz independente em relação à liberdade produtiva, ou seja, como um poder alienado de seus produtores mesmos. Por meio da forma privada da apropriação dos bens produzidos socialmente, o processo técnico de geração de valores de uso se submete à lei heterônoma do processo econômico de geração de valores de troca. Tão logo pudéssemos remeter essa legalidade própria da acumulação do capital à sua origem, que repousa na propriedade privada dos meios de produção, a espécie humana poderia desmascarar a coerção econômica como uma obra alienada de sua própria liberdade produtiva e, dessa forma, vir também a superá-la. Finalmente, a reprodução da vida social pode ser racionalmente planejada como um processo de produção de valores de uso: a sociedade põe esse processo tecnicamente sob seu controle. E este seria democraticamente exercido segundo a vontade e o entendimento dos indivíduos associados. Marx equipara esse entendimento prático de uma esfera pública política com um controle técnico eficaz. Entretanto, sabemos que mesmo uma burocracia planejadora em bom funcionamento (e o controle científico da produção de bens e das prestações de serviço) não representa uma condição *suficiente* para que a realização das forças produtivas materiais e intelectuais coincida com o gozo e a liberdade de uma sociedade emancipada. Marx não contou particularmente com o fato de que pudesse surgir uma discrepância generalizada entre o controle científico sobre as condições materiais de vida e uma formação democrática da vontade — e esta é a razão filosófica pela qual os socialistas nunca esperaram um Estado de bem-estar autoritário, isto é, uma garantia relativa de riqueza social com a eliminação da liberdade política.

Mesmo se o controle técnico sobre as condições físicas e sociais de preservação e facilitação da vida tivesse de fato alcançado tamanhas proporções, tais como as que Marx supunha para o estágio comunista do desenvolvimento, isso não resultaria automaticamente em uma emancipação da sociedade no sentido da filosofia iluminista do século XVIII e dos jovens hegelianos do século XIX. Pois as técnicas com as quais se atingiria o controle sobre o desenvolvimento de uma sociedade altamente industrializada não poderiam mais ser interpretadas

Técnica e ciência como "ideologia"

segundo o modelo da ferramenta, isto é, como se pudessem ser organizadas como meios adequados para determinados fins, sejam eles pressupostos de maneira não deliberada ou esclarecidos comunicativamente.

Freyer e Schelsky propuseram um contramodelo no qual é reconhecida a crescente autonomização da técnica. Diante do estágio primitivo de desenvolvimento da técnica, parece hoje invertida a relação da organização dos meios para fins dados ou em elaboração. Partindo de um processo de pesquisa e de uma técnica que seguem leis próprias, os novos métodos surgem hoje de modo, por assim dizer, não planejado, sendo que apenas posteriormente encontramos finalidades para sua utilização. Segundo a tese de Freyer, através de um progresso que se tornou automático, crescem os impulsos sempre renovados de um poder abstrato, o qual tem de ser posteriormente apoderado pelos interesses de vida e pelas fantasias doadoras de sentido para que se possa utilizá-lo plenamente segundo objetivos concretos. Schelsky acentua essa tese ao dizer que o progresso técnico, juntamente com os métodos não previstos, produz também as finalidades não planejadas de sua utilização: as possibilidades técnicas impõem ao mesmo tempo o seu aproveitamento prático. Ele sustenta essa tese tendo particularmente em vista legalidades objetivas extremamente complexas que, perante questões políticas, impõem determinadas decisões sem aparentemente oferecer alternativas:

ao invés de normas e leis políticas, vigoram legalidades objetivas da civilização técnico-científica, as quais não podem ser propriamente apresentadas como decisões políticas e tampouco compreendidas como normas derivadas da [formação da] opinião ou de uma visão de mundo particular. Com isso a ideia de democracia perde também, por assim dizer, sua substância clássica: no lugar da vontade popular política surgem legalidades objetivas que o próprio homem produziu como ciência e trabalho.

Perante o sistema autonomizado da pesquisa, da técnica, da economia e da administração, a questão acerca da possibilidade de soberania da sociedade sobre as condições técnicas da vida, assim como a questão acerca da integração dessas condições na práxis do mundo da vida, inspiradas em pretensões neo-humanistas de formação, parecem desesperançosamente envelhecidas. Em Estados técnicos, essas ideias servem no melhor dos casos para a "manipulação das motivações acerca daquilo que, sob o ponto de vista da necessidade objetiva, de qualquer forma irá acontecer".

É claro que não podemos concordar com essa tese da legalidade independente do processo técnico. A *orientação* do progresso técnico depende hoje em grande medida dos investimentos públicos: nos EUA, o Ministério da Defesa e os institutos de pesquisa espacial mostram-se ambos como os principais demandantes e incentivadores da pesquisa. E presumo que na União Soviética a situação seja a mesma. A alegação de que as decisões politicamente relevantes sejam aniquiladas pelo cumprimento da coerção objetiva das técnicas disponíveis e a de que estas, por esse motivo, não possam mais ser transformadas em tema de discussões práticas servem apenas para acobertar, definitivamente, interesses naturalizados e decisões pré-científicas. A suposição otimista de uma convergência entre técnica e democracia é tão pouco aceitável quanto a afirmação pessimista de que a democracia se vê eliminada pela técnica.

Técnica e ciência como "ideologia"

Ambas as respostas sobre como o poder de dominação técnica pode ser reintegrado ao consenso de cidadãos agentes e deliberantes revelam-se insatisfatórias. Nenhuma das duas respostas pode solucionar de forma adequada o problema que se impõe de modo objetivo tanto no Oriente quanto no Ocidente: como poderemos submeter a nosso controle as relações espontâneas entre o progresso técnico e o mundo da vida? As tensões já diagnosticadas por Marx entre forças produtivas e instituições sociais, cujo caráter explosivo aumentou de uma forma imprevisível na época das armas termonucleares, são devidas a uma relação irônica entre técnica e práxis. A direção do progresso técnico continua sendo hoje determinada por interesses sociais, os quais derivam espontaneamente das pressões envolvidas na reprodução da vida social, sem que se reflita especialmente sobre eles e que sejam confrontados com a autocompreensão política dos grupos sociais; consequentemente, irrompem novos potenciais técnicos nas formas existentes da práxis da vida sem que estas estejam preparadas; esses novos potenciais ampliados do poder de disponibilidade técnica tornam cada vez mais explícito o desequilíbrio existente entre, de um lado, os resultados de uma racionalidade absolutamente repleta de tensões e, de outro, os objetivos irrefletidos de sistemas de valores rígidos e ideologias caducas.

Hoje, nos sistemas industrialmente mais avançados, tem de ser energicamente empreendida a tentativa de assumir o controle consciente dessa mediação entre o progresso técnico e a práxis de vida das grandes sociedades industriais, a qual nos foi imposta até aqui nos termos da história natural. Este não é o local para discutir as condições sociais, políticas e econômicas das quais depende uma política centralizada de pesquisa a longo prazo. Não basta que um sistema social cumpra as condições da racionalidade técnica. Mesmo que fosse realizável o sonho cibernético de uma autoestabilização instintiva, o sistema de valores teria que ser limitado às regras de maximização do poder e do bem-estar e ao equivalente do valor biológico básico da sobrevivência a qualquer preço, isto é, à ultraestabilidade. Perante as consequências socioculturais não planejadas do progresso técnico, a espécie humana se vê desafiada não apenas a produzir seu destino social, como também aprender a dominá-lo. Mas esse desafio da técnica não pode ser encarado fazendo uso unicamente da técnica. Importa antes pôr em marcha uma discussão politicamente eficaz que consiga estabelecer uma relação, de modo racionalmente vinculante, entre o potencial social do saber e poder técnicos com o nosso saber e querer práticos.

Uma tal discussão poderia, por um lado, esclarecer os agentes políticos sobre a autocompreensão tradicionalmente determinada de seus interesses em relação ao que hoje é tecnicamente possível e factível. À luz das necessidades assim articuladas e reinterpretadas, os agentes políticos poderiam, por outro lado, julgar em termos práticos em que direção e medida queremos desenvolver o saber técnico no futuro.

Essa *dialética entre poder e querer* hoje se cumpre de forma não reflexiva, de acordo com interesses para os quais não se exige nem se permite uma justificação pública. Só quando pudermos assumir essa dialética com consciência política poderemos também assumir o controle da mediação, até aqui determinada pela história natural, entre o progresso técnico e a práxis da vida social. Na medida em que esse é um tema de reflexão, ele não pertence à alçada exclusiva de especialistas. A substância

Técnica e ciência como "ideologia"

da dominação não se desfaz meramente diante do poder de disposição técnica, mas pode ali se entrincheirar. A irracionalidade da dominação, que representa hoje um perigo coletivo mortal, apenas poderia ser domada através de uma formação política da vontade ligada ao princípio de uma discussão geral e isenta de dominação. Só podemos esperar a racionalização da dominação a partir de relações que propiciem ao poder político uma reflexão vinculada ao diálogo. A força libertadora da reflexão não pode ser substituída pela ampliação do saber tecnicamente utilizável.

1965

Política cientificizada e opinião pública

I

Embora a cientificização da política não configure ainda um estado de coisas efetivo, ela representa hoje uma tendência perceptível a partir de certos fatos: ela pode ser conhecida, sobretudo, pelo crescente volume da pesquisa demandada pelo Estado e pelas proporções ampliadas da assessoria científica prestada aos serviços públicos. Certamente que o Estado moderno – cuja gênese remonta à necessidade de uma administração financeira central no contexto mercantil das economias territoriais e nacionais em surgimento – desde o princípio se viu instruído pela competência especializada de funcionários públicos com formação jurídica. Contudo, estes dispunham de um saber técnico que não se distinguia fundamentalmente em espécie da competência especializada detida, por exemplo, pelos militares. Assim como estes tiveram de organizar um exército permanente, os juristas foram incumbidos da organização de uma administração estável – eles tiveram que praticar uma arte mais do que aplicar uma ciência. Há apenas poucas gerações que burocratas, militares e políticos se orientam por recomendações estritamente científicas no cumprimento de suas funções públicas, sendo que, em ampla escala, isso acontece apenas desde os tempos da Segunda Guerra Mundial. Com isso, é alcançado um novo patamar da "racionalização" já descrita por Marx Weber segundo os termos de uma formação especializada da dominação burocrática nos Estados modernos. Não significa que os cientistas tenham conquistado o poder do Estado, mas sim que o exercício da dominação em seu interior e sua defesa perante ameaças externas já não se encontram racionalizados apenas por meio de uma atividade administrativa organizada segundo a divisão do trabalho, a regulação de competências e a vinculação a normas jurídicas; mais do que isso, são verificadas modificações supervenientes em sua estrutura pela legalidade objetiva das novas tecnologias e das novas estratégias.

Max Weber encontrou definições claras sobre a relação entre saber especializado e práxis política seguindo uma tradição que remonta a Hobbes. Sua conhecida confrontação estabelecida entre dominação burocrática e liderança política[1] serve a uma separação estrita entre as funções dos *experts* e as funções do político. Este se vale certamente do saber técnico, mas a práxis da autodefesa e dominação requer, mais do que isso, a imposição de uma vontade decidida segundo interesses. Em última instância, a ação política não pode fundamentar a si mesma de modo estritamente racional, já que realiza antes de tudo uma decisão entre ordens de valores e convicções concorrentes, as quais escapam a uma argumentação imperiosa e se apresentam

---

1 Weber, *Politische Schriften*, p.308 et seq.

Técnica e ciência como "ideologia"

inacessíveis a uma discussão vinculante. Quanto mais a perícia do especialista pode determinar as técnicas da administração racional e da segurança militar, influenciando desse modo também os meios da prática política segundo regras científicas, tanto menos a decisão prática pode ser *suficientemente* legitimada pela razão em circunstâncias concretas. Mais precisamente, a racionalidade da escolha dos meios vem acompanhada da irracionalidade declarada da tomada de posição com relação a valores, objetivos e necessidades. Apenas a completa divisão de trabalho entre a perícia e o adestramento técnico dos quadros gerais da burocracia e das forças armadas, por um lado, e o instinto de poder e a vontade decisiva do líder, por outro, torna possível, de acordo com Weber, uma cientificização da política.

Hoje se coloca a questão sobre se esse *modelo decisionista* também deve pretender uma validade plausível neste segundo estágio de racionalização da dominação. Na mesma medida em que a pesquisa ligada aos sistemas e, sobretudo, a teoria da escolha disponibilizam não apenas novas técnicas para a prática política e introduzem melhorias nos instrumentos já existentes, como também racionalizam a escolha enquanto tal por meio de estratégias calculadas e automatismos decisórios, a pressão objetiva dos especialistas parece se impor contra a decisão dos líderes. Seguindo uma tradição que remonta a *Bacon*, passando por *Saint-Simon*, parece hoje que se deseja abandonar a determinação decisionista das relações entre saber especializado e práxis política em favor de um *modelo tecnocrático*.[2] A relação de dependência do especialista com respeito ao político parece

---

2 Ellul, *La Technique ou l'enjeu du siècle*; Schelsky, *Der Mensch in der wissenschaftlichen Zivilisation*.

ter se invertido – este se transforma em órgão de execução de uma *intelligentsia* científica que desenvolve sob circunstâncias concretas as prescrições objetivas tanto das técnicas e recursos disponíveis, quanto das estratégias de otimização e dos imperativos de controle. Se é possível racionalizar a decisão de questões práticas em situações de incerteza, a tal ponto que seja gradualmente eliminada a "simetria da desorientação" (Rittel) e a problemática da decisão em geral, então a ação do político no Estado técnico permanece fadada a uma decidibilidade fictícia. Ele representaria algo como um figurante de uma racionalização ainda incompleta da dominação, onde a iniciativa se converte em análise científica e planejamento técnico. O Estado parece ter que abrir mão da substância da dominação em favor de uma aplicação eficiente das técnicas disponíveis no campo de estratégias exigidas objetivamente – ele parece ser não mais um aparato para a imposição violenta de interesses por princípio não fundamentáveis, capazes de serem sustentados em termos meramente decisionistas, para se converter em órgão executor de uma administração integralmente racional.

Mas a fragilidade do modelo tecnocrático é patente. De um lado, ele supõe uma constrição imanente do progresso técnico, cuja aparência de autonomização se deve apenas à naturalização dos interesses sociais que operam efetivamente nele;[3] de outro lado, este modelo pressupõe um *continuum* de racionalidade no tratamento das questões práticas e técnicas, o qual não pode se verificar.[4] Os novos procedimentos que caracterizam

---

3 Cf. Krauch, Wider den technischen Staat, *Atomzeitalter*, p.201 et seq.

4 Cf. Bahrdt, Helmut Schelskys technischer Staat, *Atomzeitalter*, p.195 et seq.; Habermas, Vom sozialen Wandel akademischer Bildung, *Universitätstage*, p.165 et seq.

Técnica e ciência como "ideologia"

a racionalização da dominação no segundo estágio aqui assinalado não podem, em absoluto, promover o desaparecimento da problemática vinculada à decisão de questões práticas sem deixar restos. Sobre "sistemas de valores", quer dizer, sobre necessidades sociais e situações objetivas de consciência, ou ainda, sobre as direções da emancipação e da regressão, não podemos extrair nenhum enunciado imperioso no interior do âmbito de investigações que expandem nosso poder de disposição técnica. Ou encontramos formas de discussão distintas das técnico-teóricas para esclarecer racionalmente questões práticas, as quais não podem ser cabalmente respondidas com tecnologias e estratégias, ou assumimos que tais questões não poderiam ser decididas por meio de razões ou argumentos, o que obrigaria voltarmos ao modelo decisionista.

Esta é a consequência tirada por Hermann Lübbe:

> O político se encontrava outrora acima do especialista, já que este se limitava a entender e a planejar respeitosamente aquilo que o político sabia impor; nos dias atuais isto se inverte, na medida em que o especialista sabe agora ler o que é imposto pela lógica da situação, ao passo que o político se limita a sustentar posições em casos de litígio, para os quais não existe qualquer instância de uma razão terrena.[5]

Lübbe agrega esse novo patamar da racionalização ao modelo decisionista, mas se mantém fundamentalmente preso ao antagonismo definido por Max Weber e Carl Schmitt entre

---

5 Lübbe, Zur Politischen Theorie der Technokratie, *Der Staat*, p.19 et seq., trecho citado p.21.

saber técnico e exercício da dominação política. Ele repreende a autocompreensão tecnocrática dos novos *experts*, a qual apenas escamotearia com a roupagem de uma "lógica das coisas" aquilo que é e sempre foi a política. O espaço das puras decisões teria por certo se encolhido à medida que o político pôde dispor de um arsenal refinado e diversificado de instrumentos tecnológicos e se servir de meios estratégicos auxiliares para suas decisões. Mas no interior desse espaço encolhido tornou-se agora realidade aquilo que o decisionismo sempre supôs como verdadeiro – a problemática das decisões políticas foi enfim decomposta até o seu cerne, a tal ponto que já não lhe cabe absolutamente uma racionalização posterior. O cálculo levado ao extremo nos mecanismos decisórios reduz a decisão mesma a um estado de pureza, eliminando todos aqueles elementos que ainda podiam se considerar acessíveis a algum tipo de análise vinculante.

Nesse ponto, entretanto, o *modelo decisionista ampliado* não perdeu nada de sua problemática original. Ele possui certamente um valor descritivo para uma prática decisória informada cientificamente, hoje bastante comum nos centros de comando das democracias de massas, particularmente nos Estados Unidos. Mas isso não significa que esse tipo de decisão, por razões lógicas, tenha de ser subtraída a uma reflexão ulterior. Se a racionalização é factualmente rompida nos espaços politicamente esvaziados da investigação tecnológico-estratégica e substituída por simples decisões, isso pode ser compreendido como um estado de coisas social que tem de ser explicado por meio da trama objetiva de interesses, ao invés de um comportamento necessariamente derivado da problemática das coisas mesmas – a não ser que tenha de estar excluída de antemão toda

Técnica e ciência como "ideologia"

discussão científica ou, no geral, toda discussão disciplinar que fosse além dos limites do tipo de linguagem consentida pelo positivismo. Mas como isso não é assim, o modelo decisionista, ainda que possa se aproximar dos procedimentos efetivamente utilizados por uma política cientificizada, mostra-se insuficiente em suas próprias pretensões teóricas. Existe claramente uma relação de interdependência entre, de um lado, os valores que nascem da trama de interesses sociais e, de outro, as técnicas que podem ser utilizadas para a satisfação de necessidades orientadas por valores. Se os chamados valores perdem sua conexão com uma satisfação tecnicamente adequada de necessidades reais, eles se tornam disfuncionais e caducam como ideologias ao longo do tempo; inversamente, novos sistemas de valores podem surgir com a inovação técnica produzida a partir da transformação dos contextos de interesses. De todo modo, mostra-se abstrata a separação decisionista entre questões de valor e de vida, por um lado, e a problemática objetiva das coisas mesmas, por outro. Como sabemos, Dewey já considerou a possibilidade de a mobilização de técnicas continuamente ampliadas e desenvolvidas não apenas se manter vinculada a orientações de valor não questionadas, como também submeter os valores tradicionais a uma prova pragmática de verificação. Ao final, as convicções valorativas apenas poderiam persistir na medida em que se mostram controlavelmente compatíveis com as técnicas disponíveis ou pensáveis, isto é, com a realização possível de seus valores na produção de bens ou na transformação de situações. É verdade que Dewey desconsidera a distinção entre o controle das recomendações técnicas por meio de seu êxito e uma verificação prática das técnicas no contexto hermeneuticamente ilustrado das situações concretas; ainda assim, ele insiste em um exame pragmático e, com ele, na discussão racional das relações entre as técnicas disponíveis e as questões práticas, discussão que é ignorada pelo enfoque decisionista.

Ao invés de uma separação estrita entre as funções do especialista e as do político, o *modelo pragmatista* já nos oferece uma inter-relação crítica entre ambos, a qual não apenas despe o exercício ideologicamente amparado da dominação de sua insuficiente base legitimadora, como também torna o exercício da dominação acessível em seu todo a uma discussão orientada pela ciência, transformando-o, assim, substancialmente. Nem o especialista se converteu em soberano perante os políticos, os quais, como presume o modelo tecnocrático, sujeitam-se factualmente ao perito e tomam apenas decisões fictícias; nem os políticos, como supõe o modelo decisionista, mantêm fora dos âmbitos racionalizados da práxis uma reserva na qual, tanto hoje quanto antes, questões práticas devem ser decididas meramente por meio de atos de vontade. Pelo contrário, parece ser tanto possível quanto necessária uma comunicação recíproca segundo a qual os especialistas científicos sejam capazes de assessorar as instâncias decisórias, assim como os políticos possam emitir incumbências aos cientistas de acordo com as necessidades práticas. Com isso, por um lado, o desenvolvimento de novas técnicas e estratégias pode ser dirigido a partir de um horizonte explicitado de necessidades e de suas interpretações historicamente determinadas segundo sistemas de valores; por outro lado, os interesses sociais refletidos em sistemas de valores podem ser igualmente controlados pela comprovação das possibilidades técnicas e dos meios estratégicos necessários a sua satisfação. Dessa forma, eles podem ser

Técnica e ciência como "ideologia"

tanto reafirmados quanto rejeitados; podem ser articulados e reformulados ou, ao contrário, ser despojados de sua transfiguração ideológica e de seu caráter obrigatório.

II

Tratamos até aqui desses *três modelos* da relação entre *saber especializado e política* sem levar em consideração a estrutura das modernas democracias de massa. Apenas um deles, o modelo pragmatista, relaciona-se *necessariamente* com a democracia. Se a divisão de competências entre os especialistas e os líderes de fato se estabelece do modo como defende o modelo decisionista, a esfera pública política constituída pelo público de cidadãos pode servir apenas para a legitimação dos grupos de líderes. A escolha e confirmação dos governantes ou daqueles que podem governar são em regra apresentadas como atos plebiscitários; na medida em que as votações se referem apenas ao preenchimento das posições de autoridade decisória e não às diretrizes às quais devem se ater as próprias decisões futuras, a eleição democrática se realiza aqui mais na forma de aclamações que de discussões públicas. Perante a esfera pública política são legitimadas, quando muito, as pessoas que devem decidir; segundo a concepção decisionista, pois, as decisões em si mesmas devem permanecer alheias à discussão pública. Mesmo a cientificização da política ajusta-se aqui facilmente à teoria desenvolvida por Max Weber e tornada obrigatória à nova sociologia política após Schumpeter, a qual reduz o processo de formação da vontade democrática, em última instância, a um procedimento regulado pela aclamação das elites que se alternam no governo. A dominação, cuja substância irracional permanece aqui intacta, pode ser legitimada, mas não racionalizada enquanto tal.

Contra isso, o modelo tecnocrático sustenta sua demanda alargada de uma política cientificizada. No entanto, a redução da dominação política à administração racional só pode ser aqui pensada ao preço da democracia. Assim que os políticos estivessem estritamente submetidos à pressão objetiva de uma "lógica das coisas", a esfera pública política poderia, quando muito, legitimar o pessoal administrativo e dispor sobre a qualificação de funcionários nomeados; mas perante qualificações equivalentes, seria em princípio indiferente qual dos grupos em concorrência pela liderança deveria chegar ao poder. Uma administração tecnocrática da sociedade industrial torna supérflua qualquer formação democrática da vontade. Essa é a consequência que tira Helmut Schelsky: "ao invés de uma vontade político-popular, tem lugar a legalidade imanente das coisas, que o próprio homem produz como ciência e trabalho".[6]

Segundo o modelo pragmatista, em contraposição, uma tradução bem-sucedida das recomendações técnicas e estratégicas para a práxis é atribuída à mediação da esfera pública política. Pois a comunicação entre os especialistas e as instâncias político-decisórias — que tanto determina a direção do progresso técnico a partir da autocompreensão tradicionalmente elaborada das necessidades práticas, quanto examina e critica essa autocompreensão a partir das chances de satisfação possibilitadas pela técnica — tem de ser efetivamente reatada com os interesses sociais e as orientações de valor de um mundo da vida social já existente. Em ambas as direções,

6 Schelsky, *Der Mensch in der wissenschaftlichen Zivilisation*, p.22.

Técnica e ciência como "ideologia"

o processo reativo da comunicação mostra-se ligado ao que Dewey chamava de *value benefits*, isto é, à pré-compreensão historicamente determinada e socialmente prescrita daquilo que se apresenta como praticamente necessário em situações concretas. Tal pré-compreensão é uma consciência que pode ser esclarecida apenas hermeneuticamente, a qual se articula na linguagem compartilhada de cidadãos que convivem uns com os outros. A comunicação que torna científica a práxis política, prevista pelo modelo pragmatista, não pode se constituir independentemente do tipo de comunicação que já se encontra sempre em curso de modo pré-científico; esta pode ser institucionalizada, entretanto, na forma democrática de discussões públicas levadas a cabo pelo conjunto de cidadãos. Para a cientificização da política, a relação entre as *ciências* e a *opinião pública* mostra-se constitutiva.

Essa relação, entretanto, não foi propriamente tematizada na tradição de pensamento pragmatista. Pois para Dewey, seria autoevidente que a instrução e o esclarecimento recíprocos entre, de um lado, a produção de técnicas e estratégias e, de outro, as orientações valorativas dos grupos de interesse, poderia cumprir-se no horizonte não problemático do senso comum e de uma esfera pública em bom funcionamento. Mas a ingenuidade dessa concepção pode ser comprovada não apenas pela *mudança estrutural da esfera pública burguesa*, mas pelo desenvolvimento interno da própria ciência, que transforma em um problema ainda sem solução a adequada tradução de informações técnicas entre as próprias disciplinas especializadas e, sobretudo, entre as ciências e o grande público. Quem insiste, no entanto, em uma comunicação constante entre uma opinião pública bem informada e as disciplinas científicas que carregam pretensões políticas acaba sendo suspeito de querer adaptar as discussões científicas ao conhecimento das massas e fazer delas um uso meramente ideológico. Além disso, terá de se haver com uma crítica ideológica que, contra as interpretações simplificadas dos resultados científicos e sua transposição exagerada aos termos das visões de mundo, adere à separação positivista entre teoria e prática. A neutralidade que Weber atribui às ciências perante os juízos de valor, que sempre cumpriram uma dimensão prática, pode ser convincentemente mobilizada contra as pseudorracionalizações de questões práticas, contra o *curto circuito* entre o saber técnico especializado e o público manipulativamente influenciável, enfim, contra as ressonâncias distorcidas que a informação científica encontra no campo gigantesco de esferas públicas deformadas.[7]

No entanto, ao mesmo tempo que questiona uma racionalização continuada da dominação em geral, essa crítica falha na medida em que se mantém presa a um estreitamento positivista e a um tipo de ideologia que protege a ciência contra a autorreflexão. Pois confunde precisamente a dificuldade factual de uma comunicação permanente entre a ciência e a opinião pública com a transgressão das regras lógicas e metodológicas. É certo que o modelo pragmatista não pode ser ele mesmo aplicado à formação da vontade política nas modernas democracias de massas; mas isso não se deve a um modo de considerar as questões práticas – tanto no que se refere às técnicas e estratégias disponíveis quanto ao horizonte da autocompreensão explícita de um mundo da vida social – que nos remeta necessariamente

---

7 Lübbe, Die Freiheit der Theorie, *Archiv für Rechts- und Sozialphilosophie*, p.343 et seq.

Técnica e ciência como "ideologia"

à pseudorracionalização de atos de vontade em si mesmos impassíveis de fundamentação; esse modelo apenas negligencia a peculiaridade lógica e os pressupostos sociais para uma tradução confiável das informações científicas à linguagem quotidiana da práxis, assim como para a tradução inversa dos contextos nos quais se vinculam as questões práticas para a linguagem especializada das recomendações técnicas e estratégicas.[8] Com o exemplo dos Estados Unidos, país no qual a cientificização da práxis política encontra-se mais avançada, pode-se mostrar como tais tarefas hermenêuticas são efetivamente colocadas na discussão entre cientistas e políticos, bem como a maneira como estas são resolvidas sem que delas se tome consciência *enquanto tais*. Simplesmente pelo fato de essa hermenêutica tácita não ser explicitamente atrelada aos rigores de uma disciplina científica, surge a aparência exterior e, entre os concernidos, também a autocompreensão de uma divisão do trabalho logicamente imperiosa entre os meios técnico--decisórios e a própria decisão publicamente esclarecida.

III

A comunicação entre os políticos demandantes e os cientistas competentes nas diversas especialidades dos *grandes institutos de pesquisa* representa a zona crítica da *tradução de questões práticas* para problemas formulados cientificamente, bem como da *tradução das informações científicas* para a resposta de questões práticas. Essa formulação, entretanto, ainda não

---

8 Cf. Krauch, Technische Information und öffentliches Bewusstsein, *Atomzeitalter*, p.235 et seq.

alcança plenamente a dialética envolvida nesse processo. O grupo de estudos de Heidelberg para a pesquisa sistemática nos informa com um exemplo esclarecedor: o quartel general da aviação estadunidense apresenta ao escritório de programas de um grande instituto de pesquisa, por meio de contatos resguardados, um problema de técnica militar ou organizatória delineado de modo genérico; o ponto de partida é uma necessidade vagamente formulada. Uma formulação mais rigorosa do problema é alcançada apenas no decurso de uma longa comunicação entre os próprios oficiais de formação científica e o diretor do projeto. O contrato não é exaurido, entretanto, após a identificação e definição bem-sucedida do problema, já que conseguem ali, como resultado, apenas concluir um contrato mais detalhado. Ao longo dos trabalhos de pesquisa é mantida em todos os níveis, desde o presidente até os técnicos, uma troca de informações com os correspondentes postos da instituição proponente. A comunicação não pode ser interrompida até ser identificado o tipo de solução requerida pelo problema, pois apenas delineando uma solução previsível o objetivo do projeto pode ser *definitivamente* definido. A pré-compreensão do problema, isto é, a necessidade prática dos demandantes, articula-se ela mesma apenas na medida em que as soluções teóricas e, com elas, as técnicas de sua satisfação são delineadas em modelos rigorosamente projetados. A comunicação entre ambos os parceiros constitui uma rede de discussão racional estendida entre a práxis e a ciência, a qual não pode ser rompida se, durante o desenvolvimento de determinadas tecnologias ou estratégias, não se abandona o interesse pela eliminação de uma situação problemática, pré-compreendida de um modo vago, mas se exige defini-la rigorosamente em modelos científicos

Técnica e ciência como "ideologia"

formalizados de acordo com as próprias intenções práticas. Inversamente, também as necessidades práticas, os objetivos correspondentes e os próprios sistemas de valores só encontram sua determinação exata em relação com os meios de sua possível realização técnica. A compreensão situacional dos grupos sociais que atuam politicamente é de tal modo dependente das técnicas disponíveis para a perpetração dos seus interesses que, com bastante frequência, os projetos de pesquisa não são incitados por questões práticas, mas sugeridos aos políticos pelos próprios cientistas. Em atenção ao estado das pesquisas, podem ser elaborados anteprojetos de inovações técnicas para as quais apenas posteriormente se procura uma conexão com questões práticas ou com novas articulações de necessidades. Por certo, até esse ponto da solução do problema e da articulação das necessidades só se conclui metade do processo de tradução; a solução tecnicamente adequada de uma situação problemática a ser levada à consciência com precisão deve, por sua vez, ser retraduzida para o contexto geral da situação histórica na qual possui consequências práticas. A avaliação dos sistemas produzidos e das estratégias aperfeiçoadas requer, finalmente, a mesma forma de interpretação de um contexto de ação concreto, com o qual se iniciou o processo de tradução na pré-compreensão da questão prática inicial.

Esse processo de tradução, que se desenvolve entre políticos demandantes e os especialistas dos projetos científicos implicados, tem sido também amplamente institucionalizado. No âmbito governamental foram implantadas burocracias de direção para a pesquisa e o desenvolvimento de institutos de assessoramento científico, cujas funções refletem uma vez mais a dialética particular da transposição da ciência em práxis política. Trinta e cinco destas *scientific agencies* são mantidas pelo governo federal estadunidense. Em seu domínio é estabelecida uma *comunicação permanente entre ciência e política*, que de outro modo só poderia ocorrer de forma *ad hoc* com a atribuição de demandas especiais de pesquisa. Já o primeiro comitê governamental de cientistas que a presidência estadunidense fundou em 1940, pouco antes da Segunda Guerra Mundial, assumia as duas funções hoje cumpridas por uma grande maquinaria de assessoramento. A *assessoria política* tem, por um lado, a função de interpretar os resultados das pesquisas a partir do horizonte dos interesses dirigentes que determinam a compreensão que os atores têm da situação e, por outro, a função de avaliar projetos, estimular e selecionar os programas que conduzam ao processo de pesquisa na direção das questões práticas.

Assim que essa tarefa se desprende do contexto de problemas específicos e o desenvolvimento da pesquisa é tematizada em seu conjunto, o diálogo entre ciência e política passa a estar vinculado à formulação de uma *política de pesquisa* a longo prazo. Isto é, à tentativa de assumir o controle da relação até aqui naturalizada entre processo técnico e mundo da vida social. A direção do progresso técnico continua sendo hoje amplamente determinada por interesses sociais derivados diretamente da pressão exercida pela reprodução da vida social, sem que sejam refletidos enquanto tais e confrontados com a autocompreensão politicamente esclarecida dos grupos sociais; como consequência, irrompem novas possibilidades técnicas sem que as formas existentes da práxis vital estejam preparadas para elas; novos potenciais à ampliação do poder de disponibilidade técnica apenas fazem cada vez mais manifesto o desequilíbrio existente entre os resultados de uma racionalidade carregada

Técnica e ciência como "ideologia"

de tensões e as finalidades irrefletidas derivadas de sistemas de valores petrificados e ideologias caducas. Os órgãos de assessoramento em política de pesquisa promovem um novo tipo de pesquisa prospectiva de caráter interdisciplinar, a qual esclarece o estágio de desenvolvimento próprio do progresso científico e seus pressupostos sociais junto com o nível de formação da sociedade como um todo, distinguindo-se, assim, pelo menos em princípio, da trama de interesses naturalizados. Essas pesquisas também perseguem um interesse cognitivo hermenêutico: elas permitem confrontar as instituições sociais existentes e sua autocompreensão com as técnicas efetivamente utilizadas e de possível utilização; e juntamente com essa clarificação, que assume o papel de uma peculiar crítica da ideologia, elas tornam possível uma reorientação das necessidades sociais e das finalidades esclarecidas. A formulação de uma política de pesquisa a longo prazo, a preparação de novas indústrias que possam aproveitar futuras informações científicas, o planejamento do sistema educacional para a qualificação de futuras gerações cujas posições profissionais ainda não se encontram estabelecidas – essa tentativa de assumir o controle consciente da mediação entre progresso técnico e a práxis da vida nas grandes sociedades industriais, que até aqui nos foi imposta nos termos da história natural, acirra a dialética entre o que queremos de modo esclarecido e o que podemos de forma autoconsciente.

Enquanto a comunicação entre os *experts* dos grandes institutos de pesquisa e os políticos demandantes acerca de projetos particulares se desenvolve no âmbito de problemas objetivamente delimitáveis, e enquanto a discussão entre os assessores científicos e os governos permanece ainda ligada à constelação das situações dadas e aos potenciais disponíveis, o diálogo entre cientistas e políticos nesta terceira tarefa de programação do desenvolvimento da sociedade como um todo não se liberta dos estímulos provocados por problemas *determinados*. Certamente que essa tarefa tem de se conectar com a situação concreta: por um lado, ela se vincula à continuidade histórica da tradição e ao conjunto de interesses sociais e, por outro, a um determinado nível de saber técnico e de sua utilização industrial; mas de resto, a tentativa de uma política de pesquisa e formação a longo prazo, orientada por suas possibilidades imanentes e por suas consequências objetivas, tem de se voltar a essa dialética que já pudemos conhecer em seus estágios anteriores. Ela tem de esclarecer os atores políticos sobre a autocompreensão de seus interesses e objetivos tradicionalmente determinados em relação às potencialidades sociais de saber e poder técnicos atuais; *simultaneamente*, à luz das necessidades assim articuladas e reinterpretadas, ela tem de colocar os atores em condição de julgar praticamente em que direção pretendem desenvolver seu saber e poder técnicos no futuro. Essa discussão se move irrevogavelmente dentro desse círculo: apenas na medida em que orientamos nossa vontade historicamente determinada com o conhecimento das possibilidades técnicas em uma situação dada, podemos também saber, inversamente, em que direção pretendemos expandir nossas possibilidades técnicas no futuro.

IV

O processo de tradução entre ciência e política encontra-se em última instância relacionado à opinião pública. Essa relação não lhe é imposta exteriormente, como em decorrência, por exemplo, das normas de uma constituição vigente; mas é

Técnica e ciência como "ideologia"

antes resultado das exigências produzidas de forma imanente pela confrontação entre, de um lado, *as possibilidades e os saberes técnicos* e, de outro, uma *autocompreensão dependente da tradição*, em cujo horizonte as necessidades são interpretadas como fins a serem coletivamente perseguidos e os fins, hipostasiados na forma de valores. Na integração entre saber técnico e autocompreensão hermenêutica encontra-se sempre inscrito um momento de antecipação, já que ela precisa ter início com uma discussão entre cientistas apartada do público dos cidadãos. O esclarecimento de uma vontade política instrumentalizada cientificamente apenas pode surgir, segundo critérios de uma discussão racionalmente vinculante, do horizonte de debates entre cidadãos que reconduzem suas demandas ao interior das arenas políticas. Mesmo os conselhos que buscam apreender qual a vontade expressa pelas instâncias políticas encontram-se submetidos à coerção hermenêutica de se deixar envolver pela autocompreensão histórica de um grupo social e, em última instância, pelo diálogo estabelecido entre os cidadãos. Uma tal explicação encontra-se certamente vinculada aos procedimentos das ciências hermenêuticas, muito embora estas não dissolvam o núcleo dogmático das interpretações históricas tradicionais, mas se limitem a explicitá-las. Os dois passos seguintes a uma análise sociológica dessa autocompreensão, que partem do conjunto de interesses sociais nela implicados e da certificação das técnicas e estratégias disponíveis, vão além dessa esfera de diálogo entre os cidadãos, mas seu resultado, por sua vez, só pode alcançar efetividade como esclarecimento da vontade política no interior do âmbito de comunicação entre os cidadãos. Pois uma articulação das necessidades segundo critérios do saber técnico apenas pode ser ratificada na *consciência dos próprios atores políticos*. Os *experts* não podem retirar esse ato de ratificação daqueles que respondem com suas próprias histórias de vida pelas novas interpretações das necessidades sociais e pelos meios adotados para a superação das situações problemáticas; mesmo com essa cautela, entretanto, os *experts* têm sempre de se antecipar. Na medida em que aceitam o papel de falar em nome de seus concidadãos, eles são obrigados a operar um pensamento tentativo e, ao mesmo tempo, aceitar forçosamente os termos da filosofia da história, sem poder compartilhar, entretanto, a fé típica dessa forma de pensamento.

O processo de cientificização da política, com a integração do saber técnico na autocompreensão hermeneuticamente explicitada de uma situação dada, apenas poderia ser consumado se fossem oferecidas certas garantias, sob as condições de uma comunicação geral entre a ciência e a política que se estendesse ao público de cidadãos e fosse isenta de dominação: a garantia de que a vontade alcança o esclarecimento que de fato requer e a de que o esclarecimento, ao mesmo tempo, penetra efetivamente essa vontade tanto quanto lhe é possível no quadro de circunstâncias dadas, desejadas e factíveis. Essas *expectativas principiológicas* não nos deixam certamente esquecer que faltam ao modelo pragmatista as *condições empíricas* para sua aplicação. A despolitização das massas populares e a decadência da esfera pública política são partes integrantes de um sistema de dominação que tende a excluir as questões práticas da discussão pública. O exercício burocrático do poder corresponde, antes, a uma esfera pública demonstrativa, na qual se busca o mero consentimento de uma população mediatizada.[9] Mas mesmo se abstrairmos essas barreiras sistêmicas e supusermos que as discussões públicas encontram ainda hoje uma base social

---

9 Cf. o meu estudo *Strukturwandel der Öffentlichkeit.*

Técnica e ciência como "ideologia"

no grande público, ainda assim a provisão de informações científicas relevantes não seria assunto simples.

Independentemente de sua capacidade de ressonância, é muito difícil à esfera pública política ter acesso aos resultados da pesquisa que possuem justamente as maiores consequências práticas. Enquanto antes, em razão da concorrência privada, as informações que se mantinham em segredo ou sob proteção eram, sobretudo, as informações industrialmente aproveitáveis, hoje o imperativo de segredo militar é aquele que bloqueia de modo mais decisivo o livre fluxo de informações. A demora entre o momento de descoberta e o de publicização é de pelo menos três anos para os resultados estrategicamente relevantes e, em muitos casos, mais de uma década.

Uma outra barreira entre a ciência e a esfera pública atrapalha em princípio o fluxo da comunicação: refiro-me ao fechamento burocrático derivado da organização dos modernos centros de pesquisa.

Junto com as formas de erudição individual e de uma unidade não problemática entre a pesquisa e o ensino, desaparece também o contato espontâneo e evidente entre o investigador individual e o público mais amplo, seja de estudiosos ou de leigos minimamente instruídos. O interesse objetivo do pesquisador integrado às grandes organizações, o qual se orienta pela solução de problemas estritamente circunscritos, já não tem mais de estar associado à preocupação pedagógica ou jornalística de comunicar os resultados a um público mais amplo de ouvintes ou leitores. Pois o destinatário que encontramos às portas das grandes organizações científicas, ao qual são dirigidas as investigações, já não é, ou pelo menos não imediatamente, parte de um público voltado ao aprendizado ou uma esfera pública na qual se desenvolvem discussões, mas em regra um cliente ao qual apenas interessa o resultado do processo que procura empregar tecnicamente. Antes, a tarefa da apresentação literária ainda pertencia à própria reflexão científica; no sistema de pesquisa em grande escala essa tarefa se limita ao memorando de andamento do contrato e ao informe de pesquisa orientado por recomendações técnicas.

Certamente que, ao lado disso, afirma-se a consolidação de uma esfera pública interna à ciência, na qual os *experts* trocam entre si informações por meio de revistas especializadas ou de congressos; mas não poderíamos esperar o contato entre ela e a esfera pública literária ou política se uma dificuldade peculiar não tivesse estimulado uma nova forma de comunicação. Calcula-se que, no decurso da diferenciação da pesquisa durante o último século, o número de revistas especializadas duplicou a cada quinze anos. Hoje já aparece em todo o mundo algo em torno de 50 mil revistas científicas.[10] Com essa maré crescente de informações que precisam ser elaboradas na esfera pública científica, aumentam consequentemente as tentativas de resumir esse material imponderável, ordená-lo e reelaborá-lo com o objetivo de se conseguir uma visão de conjunto.

As revistas científicas de resenhas representam apenas o primeiro passo de um processo de tradução que submete a elaborações ulteriores o material bruto da informação original. Uma série de revistas serve ao objetivo de comunicação entre cientistas de diversas disciplinas, os quais necessitam de um intérprete para que possam aplicar em seu próprio trabalho as informações relevantes das disciplinas de fronteira. Quanto mais a pesquisa se especializa, tanto maior a distância que

---

10 De Solla Price, *Science since Babylon*; id., *Little Science, Big Science*; Cf. Dreitzel, *Wachstum und Fortschritt der Wissenschaft, Atomzeitalter*, p.289.

Técnica e ciência como "ideologia"

as informações importantes têm de atravessar para poderem se inserir no trabalho de outros *experts*: físicos, por exemplo, obtêm informações no *Time Magazine* sobre os novos desenvolvimentos da técnica e da química. Helmut Krauch suspeita com razão[11] que também na Alemanha o intercâmbio entre cientistas de diversas disciplinas já se mostra dependente das traduções que efetua o jornalismo científico, o qual compreende desde boletins literários mais sofisticados até as sessões de ciência da imprensa diária. A cibernética, por exemplo, que desenvolve seus modelos em atenção a processos que tomam lugar no campo da fisiologia, da técnica da informação, da psicologia do cérebro e da economia, e que para isso conecta resultados das disciplinas mais díspares, revela a importância de não se romper o nexo da comunicação mesmo quando seu fluxo, de um especialista a outro, tenha que transcorrer o longo caminho que passa pela linguagem cotidiana e pela compreensão do leigo. Em uma condição de tão extrema divisão do trabalho, a esfera pública externa à ciência já se transformou, sob muitos aspectos, no caminho mais curto para a comunição interna entre especialistas alheios uns aos outros. Mas dessa pressão à tradução das informações científicas, derivada das necessidades do próprio processo de pesquisa, beneficia-se também a ameaçada comunicação entre as ciências e o grande público da esfera pública política.

Outra tendência que se opõe às barreiras da comunicação entre ambos os domínios resulta da pressão internacional à coexistência pacífica entre sistemas sociais concorrentes. Os imperativos de segredo militar que bloqueiam o livre fluxo de

---

11 Krauch, Technische Information und öffentilsches Bewusstsein, *Atomzeitalter*, p.238.

informações científicas à esfera pública suportam cada vez menos, como demonstrou Oskar Morgenstein,[12] as condições de um controle de armamentos que se faz a cada dia mais urgente. Os riscos crescentes de um equilíbrio precário da intimidação obrigam um desarmamento levado a cabo sob controle recíproco; mas o sistema abrangente de inspeção que esse controle pressupõe apenas pode operar com eficiência se o princípio de publicidade for estendido às relações internacionais, aos planos estratégicos e, sobretudo, aos potenciais utilizáveis militarmente. O núcleo desse potencial, por sua vez, é a pesquisa estrategicamente utilizável. Dessa forma, o projeto de um mundo tornado público exige, em primeira linha, o livre intercâmbio de informações científicas. Existem, pois, pelo menos certos pontos de apoio para a suspeita de que o monopólio estatal das ciências tecnicamente produtivas, das quais hoje nos aproximamos justamente sob o signo da corrida armamentista, pode ser considerado como uma etapa transitória que acabaria conduzindo, ao final, à utilização coletiva de informações sobre a base de uma comunicação livre entre a ciência e a esfera pública.

Contudo, nem a pressão imanente pela qual a ciência se vê impelida à tradução, nem aquela que impõe de fora um livre intercâmbio de informações bastariam para colocar seriamente em marcha uma discussão sobre as consequências práticas dos resultados científicos em uma esfera pública capaz de ressonância, caso a iniciativa não seja finalmente tomada pelos próprios investigadores responsáveis. A terceira tendência que gostaríamos de citar em favor da possibilidade de tal discussão

---

12 Morgenstein, *Strategie Heute*, principalmente o capítulo XII, p.292 et seq.

Técnica e ciência como "ideologia"

resulta de um conflito entre os papéis de cientista e cidadão assumidos por pesquisadores representativos. Na medida em que as ciências são efetivamente contestadas na prática política, aumenta também para os cientistas a pressão objetiva de ir além das recomendações técnicas e refletir sobre suas consequências práticas. Isso acontece pela primeira vez em grande escala com os físicos atômicos que se ocuparam com a fabricação das bombas A e H.

Desde então são realizadas discussões nas quais lideranças científicas têm debatido as repercussões políticas de suas investigações; evocam, por exemplo, os danos que os resíduos radioativos têm sobre a saúde da população atual e sobre a substância hereditária da espécie humana. Os exemplos, apesar de escassos, mostram ainda assim que cientistas responsáveis, independentemente de suas competências, rompem os limites internos da esfera pública científica e se voltam diretamente à opinião pública ao pretenderem criticar as consequências práticas provocadas pela utilização de determinadas tecnologias ou os efeitos sociais de certos investimentos de pesquisa.

Tais indícios não nos permitem por certo antever que as discussões de assessoramento científico à política também devam ser essencialmente transferidas dos gabinetes técnicos ao fórum amplo da esfera pública política, nem que esse diálogo travado entre políticos e cientistas sobre a formulação de uma política de pesquisa a longo prazo deva ter início, por exemplo, em nosso país. Por nenhum dos lados as condições mostram-se favoráveis: de um lado, não podemos contar com instituições asseguradoras da discussão pública no seio do grande público de cidadãos; de outro, um grande sistema de pesquisa especializado e o aparato da dominação burocrática parecem atuar juntos na exclusão da esfera pública política. Não se trata de escolher entre um grupo dirigente que utilize com eficiência potencialidades vitais de saber técnico detrás de uma população mediatizada, e outro grupo dirigente que se fecha de tal modo ao fluxo das informações científicas a ponto de impedir que o saber técnico penetre suficientemente no processo de formação da vontade política. O que nos interessa é se esse frutífero potencial de saber é direcionado apenas à manipulação técnica ou se também é incluído entre os bens linguísticos da comunicação humana. Uma sociedade cientificizada poderia apenas se constituir como uma sociedade emancipada na medida em que a ciência e a técnica fossem mediadas, através dos cérebros humanos, com a práxis da vida.

A dimensão particular segundo a qual é possível uma tradução controlada do saber técnico em saber prático – e, com isso, uma racionalização cientificamente conduzida da dominação política – mostra-se inútil caso a vontade política, em princípio passível de esclarecimento, seja tomada como incapaz de aprender com sua própria capacidade técnica, em benefício de decisões fechadas ao público, ou se declare supérflua perante a tecnologia. A consequência objetiva seria em ambos os casos a mesma: uma interrupção prematura da racionalização possível. Mesmo a tentativa ilusória dos tecnocratas de dirigir as decisões políticas unicamente pela "lógica das coisas" acabaria dando razão aos decisionistas, isto é, teria de entregar à pura arbitrariedade tudo o que se situa às margens da racionalidade tecnológica como um resíduo indissolúvel do prático.

1963

Conhecimento e interesse

I

Schelling proferiu em Jena suas aulas sobre o método do estudo acadêmico durante o semestre do verão de 1802. Na linguagem do idealismo alemão, ele renovou enfaticamente aquele conceito de teoria que determinou desde o início a tradição da grande filosofia:

> O temor da especulação e o suposto abandono do meramente prático por parte do teórico provocam necessariamente no fazer a mesma superficialidade que no saber. O estudo de uma filosofia rigorosamente teórica nos torna familiarizados de modo mais imediato com as ideias, e apenas as ideias conferem à ação energia e significado moral.[1]

Na ação, o único conhecimento que tem a capacidade de nos orientar verdadeiramente é aquele que se desprendeu do

---

1 Schelling, *Schellings Werke*, v.3, p.299.

mero interesse e se ajustou às ideias. Precisamente: aquele que aceitou uma atitude teórica.

A palavra "teoria" nos remete a suas origens religiosas: *theorós* era o nome dos representantes enviados aos festivais públicos pelas cidades gregas.[2] Na *teoria*, isto é, em termos contemplativos, ele se abandona no acontecer sagrado. Em seu uso na linguagem filosófica, a *teoria* é transmutada na visão do cosmos. Como contemplação do cosmos, a teoria pressupõe uma diferenciação prévia entre ser e tempo que funda a ontologia na poesia de Parmênides e reaparece no *Timeu* de Platão: ela reserva ao *logos* um ente purificado da instabilidade e da incerteza, relegando à *doxa* o reino da transitoriedade. Mas ao contemplar a ordem imortal, o filósofo não pode deixar de incorporar em si mesmo, de reproduzir em seu interior, a própria medida do cosmos. Ele dá expressão em si às proporções que observa tanto no movimento da natureza quanto nas sequências harmônicas da música; constitui a si próprio pela mimese. A teoria introduz na práxis da vida uma via de assimilação da alma ao movimento ordenado do cosmos – imprime na vida sua forma e se reflete no comportamento daquele que se submete à sua disciplina, *ao ethos*.

Esse conceito de teoria e de uma vida dedicada à teoria marcou a filosofia desde o início. O divórcio entre teoria no sentido dessa tradição e teoria no sentido da crítica conferiu a Horkheimer uma de suas mais significativas investigações.[3]

---

2 Snell, Theorie und Praxis, p.401 et seq.; Picht, Der Sinn der Unterscheidung vom Theorie und Praxis in der griechischen Philosophie, *Evangelische Ethik*, p.321 et seq.

3 Horkheimer, Traditionelle und kritische Theorie, *Zeitschrift für Sozialforschung*, v.4, p.245 et seq.

Técnica e ciência como "ideologia"

Retomo hoje esse tema depois de quase uma geração.[4] E me reporto a um trabalho de Husserl que aparece quase na mesma época.[5] Ele se deixa ali conduzir pelo mesmo conceito de teoria ao qual Horkheimer havia contraposto o conceito de Teoria Crítica. Husserl não trata da crise no interior da ciência, mas sim de sua crise enquanto ciência, pois: "em nossa miséria da vida, esta ciência não nos tem nada a dizer". Como quase todos os filósofos antes dele, Husserl sem hesitar adota como medida de sua crítica uma ideia de conhecimento que mantém aquela ligação platônica da pura teoria com a práxis da vida. Não é o conteúdo das informações contidas na teoria, mas a formação de um hábito de reflexão e esclarecimento nos próprios teóricos que produz, em última instância, uma cultura científica. E a geração de uma tal cultura científica parecia ser a meta da marcha do espírito europeu. Husserl, entretanto, vê essa tendência histórica ameaçada depois de 1933. Ele está convencido de que o perigo não se impõe de fora, mas de dentro. Ele atribui a crise ao fato de as ciências mais desenvolvidas, sobretudo a física, terem se distanciado daquilo que verdadeiramente pode ser chamado de teoria.

II

Como esses dois pontos de vista se relacionam efetivamente? Entre a autocompreensão positivista das ciências e a antiga

---

4 Minha conferência inaugural na Universidade de Frankfurt, proferida em 28 de junho de 1965, baseia-se neste texto. As citações bibliográficas se restringem a tais referências.

5 Husserl, *Die Krisis der europäischen Wissenschaften und die transzendentale Phänomenologie*.

ontologia existe uma inegável ligação. As ciências *empírico-analíticas* desenvolvem suas teorias segundo uma autocompreensão que estabelece uma continuidade não coagida com o início do pensamento filosófico: ambas se comprometem com uma atitude teórica que se livra do contexto dogmático e da influência irritante dos interesses naturais de vida; e ambas compartilham o pressuposto cosmológico de descrever teoricamente o universo, tal como ele é, como uma ordem regida por leis. Em contrapartida, as ciências *histórico-hermenêuticas*, que se referem à esfera das coisas transitórias e da mera opinião, não se remetem espontaneamente a essa tradição – elas nada têm a ver com uma cosmologia. Mas segundo o modelo das ciências naturais, elas também elaboram uma *consciência cientificista*. Mesmo os conteúdos de significado tradicionais parecem ali agrupados em um cosmos de objetos segundo uma relação ideal de simultaneidade. Mesmo que as ciências do espírito apreendam seus fatos por meio da compreensão e pareçam pouco dedicadas a neles encontrar leis gerais, elas compartilham com as ciências empírico-analíticas uma consciência metodológica: a descrição da realidade estruturada em termos teóricos. O historicismo se transformou no positivismo das ciências do espírito.

O positivismo também penetra nas ciências sociais, seja ao seguirem as exigências metodológicas de uma ciência empírico-analítica do comportamento, seja ao se orientarem pelo modelo das ciências normativo-analíticas que pressupõem máximas de ação.[6] Sob o mote de uma completa isenção dos juízos de valor, afirmou-se também nesse campo de pesquisa próximo à práxis o mesmo código que a ciência moderna herda

---

6 Cf. Gäfgen, *Theorie der wirtschaftlischen Entscheidung.*

Técnica e ciência como "ideologia"

do pensamento teórico na filosofia grega: psicologicamente, o comprometimento incondicional com a teoria e, epistemologicamente, a separação entre conhecimento e interesse. No campo da lógica, isso equivale à distinção entre enunciados descritivos e normativos, distinção que torna gramaticalmente obrigatória a filtragem de conteúdos meramente emotivos do material cognitivo.

Entretanto, o termo "neutralidade axiológica" vem nos lembrar que os postulados ligados a essa ideia não satisfazem mais o sentido clássico de teoria. A dissociação entre fatos e valores significa contrapor ao puro ser um dever abstrato. Eles são o produto de uma cisão nominalista operada por uma crítica que, há séculos, combatia aquele conceito enfático de ente pelo qual se orientava outrora tão exclusivamente a teoria. Já o nome de *valores*, colocado filosoficamente em circulação pelo neokantismo e contra o qual a ciência deveria guardar neutralidade, renegava a coesão uma vez pretendida pela teoria.

Assim, embora as ciências positivas partilhem com a tradição da grande filosofia o conceito de teoria, elas destroem sua pretensão clássica. Elas tomam emprestados da herança filosófica dois momentos: primeiro, o sentido metodológico da postura teórica e, em segundo lugar, o pressuposto ontológico fundamental de uma estrutura de mundo independente do sujeito cognoscente. Por outro lado, entretanto, perde-se a conexão estabelecida de Platão a Husserl entre *theoria* e *cosmos*, entre *mimesis* e *bios theoretikos*. Aquilo que antes deveria caracterizar a eficácia prática da teoria vê-se agora derrubado por proibições metodológicas. A concepção da teoria como processo formativo se torna apócrifa. Aquela adaptação mimética da alma às proporções do universo, observadas em sua aparência, apenas colocava o conhecimento teórico a serviço de uma internalização de normas, afastando-o, com isso, de sua tarefa legítima – assim nos parece hoje.

III

De fato, as ciências tiveram que abandonar a importância específica que possuíam perante a vida, a qual Husserl queria restabelecer por meio da renovação da teoria pura. Eu reconstruo sua crítica em três etapas. Ela se dirige, em *primeiro lugar*, contra o objetivismo das ciências. O mundo lhes aparece objetivamente como um universo de fatos, cujas leis responsáveis por sua conexão podem ser compreendidas de modo descritivo. Na verdade, entretanto, o saber aparentemente objetivo do mundo dos fatos encontra-se transcendentalmente baseado no mundo pré-científico. Os possíveis objetos da análise científica se constituem de antemão nas autocompreensões de nosso mundo da vida primário. Nesse passo, a fenomenologia coloca meramente em evidência as operações de uma subjetividade doadora de sentido. *Em seguida*, Husserl quis mostrar que essa subjetividade operante desaparece sob o manto de uma autocompreensão objetivista, porque as ciências não se libertaram radicalmente do contexto de interesses do mundo da vida primário. Apenas a fenomenologia rompe com a orientação ingênua em favor de uma atitude contemplativa rigorosa e de uma libertação definitiva do conhecimento em relação ao interesse. *Finalmente*, Husserl equipara a autorreflexão transcendental, à qual dá o nome de uma descrição fenomenológica, com a teoria pura, com a teoria em sentido tradicional. O filósofo deve a essa atitude teórica uma mudança que o libera da

Técnica e ciência como "ideologia"

rede de interesses da vida. Sob esse aspecto, a teoria é "não prática". Mas isso não a desliga da vida prática. Justamente essa abstenção consequente da teoria, em conformidade a seu conceito tradicional, produz uma formação cultural capaz de orientar a ação. A atitude teórica, uma vez exercitada, deixa-se conciliar novamente com a prática:

> Isso acontece na forma de uma práxis de tipo novo [...] que busca elevar a humanidade através da razão científica universal, colocando-a em contato com as normas de verdade de todas as formas e transformando-a em uma humanidade fundamentalmente nova – capacitada para uma autorresponsabilidade absoluta em razão de um conhecimento teórico absoluto.

Quem presenciou a situação de trinta anos atrás – e a visão da barbárie que então irrompeu – respeitará o apelo à força terapêutica da descrição fenomenológica; no entanto, esta não pode ser fundamentada. A fenomenologia abarca quando muito as normas necessárias ao trabalho transcendental da consciência; dito em termos kantianos, descreve as leis da razão pura, mas não as normas de uma legislação universal da razão prática, conforme as quais poderia se orientar uma vontade livre. Mas por que Husserl acredita poder reivindicar à fenomenologia, como teoria pura, a pretensão de eficácia prática? Seu erro parece derivar do fato de não enxergar a conexão do positivismo, que critica corretamente, com aquela ontologia da qual inconscientemente empresta o conceito tradicional de teoria. Husserl critica corretamente a ilusão objetivista que projeta nas ciências a imagem de um em-si de fatos estruturados conforme leis, encobre a constituição desses fatos e, assim, impede que se tome consciência do entrelaçamento do conhecimento com os interesses do mundo da vida. Por trazer isso à consciência, a fenomenologia seria ela mesma imune a tais interesses; o título de teoria pura, que as ciências reclamam injustamente para si, pertenceria por direito a ela. E é justamente a esse momento de separação entre conhecimento e interesse que Husserl vincula sua expectativa de eficácia prática. Seu erro parece aqui evidente: a teoria, no sentido da grande tradição, inscrevia-se na vida ao supor ter desvendado na ordem cósmica uma coerência ideal do universo e, com isso, também o protótipo para a ordenação do mundo humano. Apenas como cosmologia a *teoria* era simultaneamente capaz de uma orientação da ação. Por isso, precisamente, Husserl não pode esperar processos de formação cultural de uma fenomenologia que purificou transcendentalmente a antiga teoria de seus conteúdos cosmológicos e que apenas abstratamente ainda mantém algo como uma atitude teórica. A teoria não se investia da formação cultural por ter libertado o conhecimento de toda a gama de interesses, mas inversamente, por ter dado à *ocultação de seu próprio interesse uma força pseudonormativa*. Ao mesmo tempo que critica a autocompreensão objetivista das ciências, Husserl sucumbe a um outro objetivismo que sempre esteve cravado no conceito tradicional de teoria.

IV

Na tradição grega, aquelas mesmas forças que na filosofia são reduzidas a potências da alma nos aparecem ainda como deuses e poderes sobre-humanos. A filosofia as domesticou e as baniu como demônios interiorizados nos domínios da

Técnica e ciência como "ideologia"

alma. Entretanto, se compreendemos sob esse ponto de vista os impulsos e afetos com os quais os homens se envolvem na conexão de interesses através de uma práxis incerta e contingente, então a teoria pura recebe também um novo sentido, que promete precisamente a *purificação* desses afetos: a contemplação desinteressada assume assim manifestamente o sentido de emancipação. A desvinculação entre conhecimento e interesse não deveria purificar a teoria das perturbações da subjetividade, mas inversamente, submeter o sujeito a uma purificação extática das paixões. Que a catarse já não consiga mais ser alcançada pelo culto aos mistérios, mas seja fixada na vontade dos indivíduos por meio da teoria, revela o novo estágio da emancipação: no contexto comunicativo da pólis, a individuação de cada um avançou a tal ponto que a identidade do eu isolado, enquanto grandeza fixa, apenas pode ser constituída por meio da identificação com leis abstratas da ordem cósmica. Na unidade de um cosmos que repousa em si mesmo e na identidade do ser imutável, a consciência emancipada dos poderes originários encontra agora a sua sustentação.

A teoria confirmava, assim, um mundo liberto, imaculado dos demônios por força tão somente de distinções ontológicas. Ao mesmo tempo, a ilusão da teoria pura protegia contra a recaída em um estágio superado. Se a identidade do puro ser tivesse sido desmascarada como uma ilusão objetivista, não teria sido possível formar uma identidade do eu apoiada sobre ela. Que o interesse seja reprimido é algo que ainda pertence a esse mesmo interesse.

Mas se é assim, então os dois momentos mais determinantes da tradição grega, a atitude teórica e o pressuposto ontológico fundamental de um mundo em si mesmo estruturado, têm de admitir uma conexão que ambos, entretanto, proíbem: uma conexão entre conhecimento e interesse. Com isso retornamos à crítica de Husserl ao objetivismo das ciências. Só que o motivo volta-se agora *contra* o próprio autor. Não é porque as ciências se desprenderam do conceito clássico de teoria, mas justamente pelo fato de não terem se libertado plenamente dele que percebemos agora uma conexão não admitida entre conhecimento e interesse. A suspeita de objetivismo permanece devido à *ilusão ontológica da teoria pura*, que as ciências ainda compartilham enganosamente com a tradição filosófica *após a eliminação de seus elementos formativos*.

Acompanhando Husserl, chamamos de "objetivista" uma postura que ingenuamente refere os enunciados teóricos a estados de coisas. Ela supõe as relações entre grandezas empíricas representadas por enunciados teóricos como algo existente em si e, ao mesmo tempo, escamoteia o campo transcendental em cujo interior é constituído seu sentido. A ilusão objetivista se desfaz tão logo tais enunciados passam a ser considerados relativos ao sistema de referência previamente colocado com eles, abrindo a perspectiva que nos permite olhar para um conhecimento orientado por interesses.

Podemos demonstrar uma conexão específica entre regras lógico-metodológicas e interesses que orientam o conhecimento por meio de três categorias relacionadas aos processos de investigação. Essa é a tarefa de uma teoria crítica da ciência que procura escapar às armadilhas do positivismo.[7] Na abor-

---

7 Esta via de investigação marca o trabalho de Apel, Die Entfaltung der sprachanalytischen Philosophie und das Problem der Geisteswissenschaften, *Philosophisches Jahrbuch*, p.239 et seq.

Técnica e ciência como "ideologia"

dagem das ciências empírico-analíticas irrompe um interesse *técnico* do conhecimento; no âmbito das ciências histórico--hermenêuticas, um interesse *prático*; e no exercício das ciências orientadas pela crítica, um interesse *emancipatório* – o que, como vimos anteriormente, já era pressuposto de modo inconfesso pelas teorias tradicionais. Gostaria de esclarecer melhor essa tese por meio de alguns comentários exemplificadores.

V

Nas *ciências empírico-analíticas*, o sistema de referência que antecipa o sentido de possíveis enunciados científicos baseados na experiência produz regras tanto para a construção de teorias quanto para sua contestação crítica.[8] As teorias estabelecem conexões hipotético-dedutivas entre proposições, as quais permitem deduzir leis hipotéticas carregadas de conteúdo empírico. Estas são suscetíveis de ser interpretadas como enunciados sobre a covariação de grandezas observáveis e permitem fazer previsões a partir de condições iniciais dadas. O saber empírico-analítico é, portanto, um saber prognóstico possível. Mas é certo que o *sentido* de tais prognósticos, vale dizer, sua aproveitabilidade técnica, decorre primordialmente das regras segundo as quais as teorias são aplicadas à realidade.

Na observação controlada, que assume com frequência a forma de experimentos, produzimos as condições iniciais e medimos o êxito das operações conduzidas a partir delas. Ora,

---

8 Cf. Popper, *The Logic of Scientific Discovery*; ver também meu ensaio: Analitische Wissenschaftstheorie und Dialetik, *Zeugnisse*, p.473 et seq.

o empirismo gostaria de assegurar a aparência objetivista das observações expressadas por meio de proposições básicas: delas decorreriam confiavelmente evidências imediatas destituídas de quaisquer ingredientes subjetivos. Na verdade, entretanto, as proposições básicas não são reflexos de fatos em si, mas dão expressão aos êxitos ou fracassos de nossas operações. Poderíamos dizer que os fatos e as relações entre eles são apreendidos descritivamente; mas esse modo de falar não pode esconder que os fatos relevantes obtidos por experiências científicas se constituem como tais por meio de uma organização prévia de nossa experiência na esfera de funções da ação instrumental.

Ambos os momentos considerados conjuntamente, a construção lógica dos sistemas de enunciados admitidos e o tipo das condições de prova, sugerem que as teorias científico-experimentais exploram a realidade sob a orientação do interesse pela possível certeza das informações e pela ampliação da ação de êxito controlado. Este é, com efeito, o interesse cognitivo pela disponibilidade técnica sobre processos objetivados.

As *ciências histórico-hermenêuticas* adquirem seus conhecimentos em um outro quadro metodológico. Aqui o sentido de validade dos enunciados não se constitui no interior de um sistema de referência ligado à possível disponibilidade técnica. Os planos da linguagem formalizada e da experiência objetivada ainda não se diferenciaram um do outro; pois nem as teorias são construídas dedutivamente, nem as experiências são organizadas em vista do sucesso das operações. O que abre acesso aos fatos é a compreensão do sentido, ao invés da observação. A interpretação de textos corresponde aqui à verificação sistemática das leis presumidas. As regras da hermenêutica, portanto,

Técnica e ciência como "ideologia"

determinam o sentido possível dos enunciados das ciências do espírito.[9]

Essa compreensão do sentido vincula o historicismo à ilusão objetivista da teoria pura, para a qual os fatos do espírito devem ser dados como evidentes. É como se o intérprete se colocasse no lugar do horizonte do mundo ou da própria linguagem, a partir dos quais um texto enraizado na herança histórica retira seu respectivo sentido. Mas também aqui os fatos se constituem tão somente em relação aos padrões existentes de sua constatação. Assim como a autocompreensão positivista não admite explicitamente a conexão existente entre suas operações de mensuração e os controles de êxito, também aqui é sonegada a pré-compreensão do intérprete aplicada à situação inicial, pré-compreensão pela qual o saber hermenêutico sempre se encontra mediado. O mundo de sentido tradicional se abre ao intérprete apenas na medida em que ele esclarece, simultaneamente, seu próprio mundo. Aquele que compreende produz uma comunicação entre os dois mundos; capta o sentido objetivo daquilo que é transmitido pela tradição e, ao mesmo tempo, *aplica* a tradição a si mesmo e à sua situação.

Quando, no entanto, as regras metodológicas associam deste modo exegese e aplicação, isso nos faz sugerir a seguinte interpretação: a investigação hermenêutica explora a realidade sob o interesse de conservar e ampliar a intersubjetividade de um possível entendimento que orienta a ação. A compreensão do sentido orienta sua estrutura ao possível consenso dos atores

---

9 Acompanho aqui as investigações de Gadamer, *Wahreit und Methode*, parte II.

no âmbito de uma autocompreensão tradicional. A isso damos o nome, diferentemente do interesse técnico antes abordado, de interesse prático do conhecimento.

As *ciências da ação* sistemáticas, a saber, economia, sociologia e política, do mesmo modo como as ciências empírico-analíticas da natureza, têm como objetivo a produção de saber nomológico.[10] Uma ciência social crítica não pode certamente se limitar a isso. Ela se dá o trabalho de examinar quando as proposições teóricas captam legalidades invariantes de ação social e quando elas fixam ideologicamente relações sociais de dependência em princípio passíveis de mudança. Quando este é o caso, a *crítica da ideologia* – assim como a psicanálise, aliás – conta com a possibilidade de que a informação sobre os nexos legais desencadeie na consciência dos afetados um processo de reflexão; por seu meio, o estágio de consciência irreflexiva, que pertence às condições iniciais de tais leis, pode ser alterado. Um conhecimento criticamente mediado das leis é incapaz de extinguir sua validade submetendo-as meramente à reflexão, mas pode sim, por esse caminho, colocá-las fora de aplicação.

O marco metodológico que estipula o sentido da validade dessa categoria de enunciados críticos é medido pelo conceito de *autorreflexão*. Ela libera o sujeito da dependência de poderes hipostasiados e é determinada por um interesse cognitivo emancipatório. As ciências criticamente orientadas compartilham esse interesse emancipatório com a filosofia.

Entretanto, na medida em que a filosofia permanece ainda presa à ontologia, ela paralisa a si mesma, sucumbindo a um objetivismo que mascara a conexão de seu conhecimento com o

---

10 Topitsch (org.), *Logik der Sozialwissenschaften.*

Técnica e ciência como "ideologia"

interesse pela emancipação. Apenas quando a crítica que impõe ao objetivismo das ciências é voltada também contra a ilusão da teoria pura em si mesma, a filosofia retira da assumida dependência a força que inutilmente exige para si como filosofia aparentemente livre de pressupostos.[11]

VI

No conceito de interesse condutor do conhecimento estão conectados esses dois momentos cuja relação tem de ser agora esclarecida: conhecimento e interesse. Sabemos pela experiência cotidiana que as ideias servem muito frequentemente para substituir por motivos justificadores os motivos reais de nossas ações. Ao que neste âmbito podemos chamar de racionalização, no plano da ação coletiva denominamos como ideologia. Em ambos os casos, o conteúdo manifesto de enunciados é falseado pela ligação irrefletida de uma consciência apenas aparentemente autônoma a determinados interesses. Por isso, a disciplina do pensamento instruído tende com razão a se desligar de tais interesses. Em todas as ciências são desenvolvidas rotinas que procuram evitar a subjetividade da opinião; e contra a influência incontrolada de interesses profundamente arraigados, que dependem menos do indivíduo que da situação objetiva de grupos sociais, entra em cena até mesmo uma nova disciplina, a sociologia do conhecimento. Isso nos revela, entretanto, apenas um lado da questão. Porque se a ciência tem inicialmente de alcançar a objetividade dos seus enunciados contra a pressão e a sedução de interesses particulares, ela se

---

11 Adorno, *Zur Metakritik der Erkenntnistheorie.*

ilude, por outro lado, quanto aos interesses fundamentais aos quais deve não apenas o seu impulso, mas também as *condições de possível objetividade.*

As atitudes de disposição técnica, de entendimento sobre aspectos da vida prática e de emancipação com relação às pressões da natureza estabelecem os pontos de vista específicos a partir dos quais podemos conceber inicialmente a realidade como tal. Na medida em que tomamos consciência da intransponibilidade das fronteiras transcendentais das possíveis concepções de mundo, um pedaço da natureza adquire através de nós autonomia na natureza. Se o conhecimento pudesse uma vez evitar seu interesse inato, perceberia que a mediação entre sujeito e objeto, que a consciência filosófica atribui exclusivamente à *sua* síntese, é de saída produzida por interesses. O espírito pode reflexivamente tomar consciência dessa base natural, cuja força se insere na própria lógica da investigação.

Representações ou descrições nunca são independentes de *standards*. E uma vez que a escolha desses *standards* não pode ser nem deduzida logicamente nem demonstrada de modo empírico, ela se baseia em atitudes que exigem uma avaliação crítica levada a cabo por meio de argumentos. Decisões metodológicas básicas, tais quais, por exemplo, distinções tão fundamentais como aquelas entre o ser categorial e o não categorial, entre enunciados analíticos e sintéticos, entre conteúdo descritivo e emotivo, têm a peculiar característica de não serem nem arbitrárias nem obrigatórias.[12] Elas se mostram como decisões apropriadas ou inapropriadas. Pois se medem pela necessidade metalógica de interesses que não podemos fixar nem replicar,

---

12 White, *Toward Reunion in Philosophy.*

Técnica e ciência como "ideologia"

mas que temos, no entanto, de *enfrentar*. Por isso, minha primeira tese pode ser enunciada da seguinte forma: *as operações do sujeito transcendental têm sua base na história natural do gênero humano.*

Tomada por si mesma, essa tese poderia nos conduzir à interpretação equivocada de que a razão do homem é meramente um órgão de adaptação, assim como as garras ou os dentes dos animais. Certamente ela o é também. Mas os interesses histórico-naturais, aos quais remontamos os interesses condutores do conhecimento, são provenientes ao mesmo tempo da natureza e da *ruptura cultural* com a natureza. Junto com a imposição de instintos naturais, eles acolhem em si o momento da dissolução das exigências naturais. Já ao interesse da autoconservação, que nos parece algo tão natural, corresponde um sistema social que compensa as deficiências do equipamento orgânico do homem e assegura sua existência histórica *contra* uma natureza externamente ameaçadora. Mas a sociedade não é somente um sistema de autoconservação. Uma natureza tentadora, a qual se faz presente no indivíduo como libido, desprendeu-se do círculo meramente funcional da autoconservação e compele a uma satisfação utópica. Mesmo essas demandas individuais, que não se harmonizam de antemão com a exigência de autoconservação coletiva, são acolhidas pelo sistema social em si mesmo. Por isso, os processos de conhecimento, ligados de modo imprescindível à socialização, não servem apenas como meio de reprodução da vida: eles determinam, na mesma medida, as definições mesmas da vida. A nua sobrevivência aparente revela-se sempre como uma grandeza histórica; pois ela se mede por aquilo a que uma sociedade aspira como sua *vida boa*. Por isso, minha segunda tese diz: *conhecer é um instrumento de autoconservação, na mesma medida em que transcende a mera autoconservação.*

Jürgen Habermas

Os pontos de vista específicos sob os quais concebemos a realidade como transcendentalmente necessária determinam três categorias do saber possível: informações que ampliam nosso poder de disponibilidade técnica; interpretações que permitem a orientação da ação sob tradições compartilhadas; e análises que libertam a consciência da dependência de poderes hipostasiados. Cada ponto de vista corresponde a um contexto de interesses específico, os quais, por sua vez, encontram-se de saída ligados a meios de socialização particulares: trabalho, linguagem e dominação. A espécie humana assegura sua existência em sistemas de trabalho social e de autoconservação violenta; garante uma vida comum mediada pela tradição na comunicação linguística cotidiana; e, finalmente, por meio das identidades do eu, permite uma configuração sempre renovada da consciência do indivíduo com relação às normas do grupo em todos os níveis de individuação. Dessa forma, portanto, os interesses condutores do conhecimento se encontram aderidos às funções de um eu que se adapta mediante processos de aprendizagem às condições externas da vida; que se desenvolve mediante processos de formação no contexto comunicativo de um mundo da vida social; e que constrói uma identidade no conflito entre demandas pulsionais e coerções sociais. Estas operações reincidem, por sua vez, nas forças produtivas que uma sociedade acumula; na tradição cultural a partir da qual uma sociedade interpreta a si mesma; e nas legitimações que uma sociedade aceita ou critica. Assim, minha terceira tese é a seguinte: *os interesses condutores do conhecimento se constituem no* medium *do trabalho, da linguagem e a da dominação.*

A constelação entre conhecimento e interesse, entretanto, não é igual em todas as categorias. Certamente que aquela autono-

Técnica e ciência como "ideologia"

mia isenta de pressupostos, segundo a qual o conhecimento compreende a realidade inicialmente de modo teórico para, posteriormente, colocá-la a serviço de interesses alheios ao próprio conhecimento, mostra-se aqui como ilusória. Mas o espírito pode se voltar ao contexto de interesses que previamente ligou sujeito e objeto – e isso é reservado apenas à autorreflexão. Ela pode, por assim dizer, recuperar o interesse, quando não também suprassumi-lo.

Não é casual que os critérios da autorreflexão sejam destituídos daquela intangibilidade característica em virtude da qual os padrões de todos os demais processos de conhecimento carecem de uma ponderação crítica. Eles são teoricamente iniludíveis. O interesse pela maioridade [*Mündigkeit*] não é meramente vislumbrado, mas pode ser admitido *a priori*. Aquilo que nos distingue da natureza é a única coisa que podemos conhecer segundo sua natureza: *a linguagem*. Com a estrutura da linguagem é posta *para nós* a maioridade. Com a primeira proposição é exprimida de modo inequívoco a intenção de um consenso universal e isento de coerções. A maioridade é a única ideia com a qual nos empoderamos no sentido da tradição filosófica. Talvez por esse motivo o uso da linguagem do idealismo alemão – de acordo com a qual "razão" contém ambos os momentos: vontade *e* consciência – não tenha se tornado inteiramente obsoleto. Razão significava ao mesmo tempo vontade de razão. Na autorreflexão, um conhecimento que se quer pelo próprio conhecimento corresponde ao interesse na maioridade. O interesse emancipatório do conhecimento se dirige à realização da reflexão como tal. Por isso, minha quarta tese se enuncia assim: *na força da autorreflexão, o conhecimento e o interesse são um.*

Jürgen Habermas

É certo que somente em uma sociedade emancipada, a qual tivesse realizado a maioridade de seus membros, a comunicação poderia se desenvolver plenamente como um diálogo isento de coerções entre todos, do qual sempre retiramos o padrão da constituição mútua da identidade do eu, assim como a ideia de um acordo verdadeiro. Desse modo, a verdade dos enunciados se funda na antecipação da vida bem-sucedida. A ilusão ontológica da teoria pura, por trás da qual são ocultados os interesses que orientam o conhecimento, consolida a ficção de que o diálogo socrático seja possível universalmente e a qualquer tempo. A filosofia supôs desde o começo que a maioridade posta com a estrutura da linguagem era não apenas antecipada, mas efetiva. Justamente a teoria pura, que pretende obter tudo por si mesma, sucumbe ao exterior recalcado e se torna ideológica. Apenas quando a filosofia descobre no percurso dialético da história os sinais da violência, que continuamente distorce as condições de diálogo e nos afasta dos trilhos de uma comunicação sem entraves, impulsiona um processo inacabado ao invés de legitimar sua paralisação: o progresso do gênero humano em direção à maioridade. Por isso, como quinta tese, gostaria de defender a seguinte proposição: *a unidade de conhecimento e interesse se confirma em uma dialética que, a partir dos sinais históricos do diálogo reprimido, reconstrói aquilo que lhe foi negado.*

VII

As ciências retiveram algo da filosofia: a ilusão da teoria pura. Ela não determina a práxis da investigação científica, mas apenas a compreensão que as ciências têm de si mesmas.

Técnica e ciência como "ideologia"

Mas na medida em que essa autocompreensão repercute em sua própria práxis, ela nos revela um sentido positivo.

Ela atribui às ciências a virtude de aplicar inexoravelmente seus métodos sem refletir sobre o interesse que orienta o conhecimento. E quanto menos sabem metodologicamente o que fazem, tanto mais certas estão de sua disciplina, isto é: do progresso metódico dentro de uma esfera não problematizada. A falsa consciência possui uma função protetora. Pois faltam às ciências, no campo da autorreflexão, os meios para se encarar os riscos de uma conexão consciente entre conhecimento e interesse. O fascismo pôde cultivar a monstruosidade de uma física nacional e o stalinismo, de uma genética soviético-marxista, a qual deve hoje ser levada muito mais a sério, apenas porque lhes faltava a ilusão do objetivismo – algo que poderia ter-nos imunizado contra os perigosos encantos de uma reflexão mal conduzida.

Entretanto, o elogio ao objetivismo tem seus limites; nele se pautou acertadamente Husserl em sua crítica, mesmo sem utilizar os meios mais adequados. Assim que a ilusão objetivista se transforma na afirmação de uma concepção de mundo, a precariedade da inconsciência metodológica se converte na virtude duvidosa de uma profissão de fé cientificista. O objetivismo de modo algum impede as ciências de intervir na vida prática, como acreditava Husserl. As ciências de qualquer modo se integram a ela, ainda que não desenvolvam *eo ipso* eficácia prática no sentido de uma crescente racionalidade da ação.

Uma autocompreensão positivista das *ciências nomológicas* favorece a substituição da ação esclarecida pela evolução técnica. Ela dirige a aplicação das informações da ciência experimental sob o ponto de vista ilusório de que a histórica dominação prática pode ser reduzida ao controle técnico de processos objetivados. A autocompreensão objetivista das *ciências hermenêuticas* produz consequências não menos sérias. Ela suspende a apropriação reflexiva das tradições vigentes na forma de um saber esterilizado e confina a história ao museu. Acompanhadas pela atitude objetivista de uma produção teórica dos fatos, as ciências nomológicas e hermenêuticas se complementam mutuamente em suas consequências práticas. Enquanto estas se desvinculam abstratamente do contexto tradicional, aquelas relegam a práxis da vida unicamente à esfera funcional da ação instrumental, apoiando-se no fundamento cego de uma história recalcada. A dimensão na qual os sujeitos agentes poderiam se entender racionalmente acerca de seus objetivos e fins é, dessa maneira, relegada à obscuridade da mera decisão entre ordens reificadas de valores e o poder irracional da crença.[13] Quando essa dimensão, abandonada por todos os bons espíritos, vê-se apoderada por uma reflexão que se comporta objetivamente perante a história, ao modo mesmo da filosofia antiga, o positivismo se eleva a seu mais alto grau – como sucedeu outrora com Comte. É o que acontece quando a crítica, em benefício da teoria pura, renega acriticamente sua própria conexão com o interesse emancipatório do conhecimento. Uma tal crítica efusiva projeta a marcha inconclusa do progresso da espécie humana sobre o campo de uma filosofia da história que impõe dogmaticamente instruções para a ação. *Mas o decisionismo cego é apenas o reverso de uma filosofia da história que ofusca a visão – a parcialidade burocraticamente ordenada entra facilmente em acordo com uma contemplativa neutralidade axiológica mal interpretada.*

---

13 Cf. meu ensaio: Dogmatismus, Vernunft und Entscheidung, p.231 et seq.

Técnica e ciência como "ideologia"

Contra essas consequências práticas de uma consciência cientificista limitada das ciências,[14] pode se opor uma crítica que combate a ilusão objetivista. No entanto, o objetivismo não é rompido pela força de uma *teoria* renovada, como ainda imaginava Husserl, mas somente pela comprovação daquilo que esconde: a conexão entre conhecimento e interesse. A filosofia permanece fiel à sua grande tradição no momento mesmo que a rejeita. A intuição de que a verdade dos enunciados encontra-se vinculada, em ultima instância, à intenção da vida verdadeira pode ser melhor defendida hoje quando pisamos sobre os escombros da ontologia. Essa filosofia certamente permanecerá sendo uma especialidade, próxima às ciências e distante da consciência pública, enquanto a herança da tradição, da qual *ela* se libertou criticamente, continuar sobrevivendo na autocompreensão positivista das ciências.

---

14 Herbert Marcuse analisou os perigos de uma redução da razão à racionalidade técnica e de uma redução da sociedade ao controle técnico (*O homem unidimensional*). Em outro contexto, Helmut Schelsky sustenta o mesmo diagnóstico: "Com a civilização científica, que o homem leva a cabo de modo planificado, surge no mundo uma nova ameaça: o perigo de que o homem se expresse apenas por meio de ações externas que transformam o mundo, e fixe e trate tudo, os outros homens e a si mesmo inclusive, nesse âmbito objetivo da ação construtiva. Esta nova autoalienação do homem, que pode roubar a identidade de si mesmo e a do outro [...] representa o perigo de que o criador se perca em sua própria obra, o construtor, em sua construção. O homem se empenha sem descanso pra transcender a si mesmo na objetividade autoproduzida, em um ser construído, e trabalha incessantemente no desenvolvimento desse processo da auto-objetivação científica." Schelsky, *Einsamkeit und Freiheit*, p.299.

Referências bibliográficas

ADORNO, T. W. *Zur Metakritik der Erkenntnistheorie*, 1956. [Ed. Bras.: *Para a metacrítica da teoria do conhecimento*. São Paulo: Editora Unesp, no prelo.]

APEL, K. O. Die Entfaltung der sprachanalytischen Philosophie und das Problem der Geisteswissenschaften, *Philosophisches Jahrbuch*, 72, München, 1965.

BAHRDT, H. P. Helmut Schelskys technischer Staat. In: *Atomzeitalter*, 1961.

BERGER, P. L. *The Sacred Canopy*. New York, 1967.

DREITZEL, H. P. *Wachstum und Fortschritt der Wissenschaft*. In: *Atomzeitalter*, 1963.

DURKHEIM, E. *De La division du travail social*. Paris, 1893. [Ed. Bras.: *Da divisão do trabalho social*. 4.ed. São Paulo: WMF Martins Fontes, 2010.]

ELLUL, J. *La Technique ou l'enjeu du siècle*. Paris, 1954.

_____. *The Technological Society*. New York, 1964.

FLACKS, R. The Liberated Generation. An Exploration of the Roots of Student Protest, *Journ. Soc. Issues*, Juli, 1967.

LÖBL, E. *Geistige Arbeit – die wahre Quelle des Reichtums*, 1968.

_____. *Die Philosophie und die Frage nach dem Fortschritt*, 1964.

GADAMER, H. G. *Wahreit und Methode*. Tübingen, 1965.

GÄFGEN, G. *Theorie der wirtschaftlischen Entscheidung.* Tübingen, 1963.

GEHLEN, A. Anthropologische Ansicht der Technik. In: *Technik im technischen Zeitalter*, 1965.

_____. Über kulturelle Kristallisationen. In: *Studien zur Anthropologie*, 1963.

HABERMAS, J. Analitische Wissenschaftstheorie und Dialetik. In: *Zeugnisse.* Frankfurt, 1963.

_____. Die klassische Lehre von der Politik in ihrem Verhältnis zur Sozialphilosophie. In: *Theorie und Praxis.* Neuwied, 1967.

_____. Dogmatismus, Vernunft und Entscheidung. In: *Theorie und Praxis*, Neuwied, 1967. [Ed. Bras.: Dogmatismo, razão e decisão. In: *Teoria e práxis.* São Paulo: Unesp, 2013.]

_____. *Erkenntnis und Interesse.* Frankfurt, 1968. [Ed. Bras.: *Conhecimento e interesse.* São Paulo: Unesp, 2013.]

_____. Hegels Kritik der französischen Revolution. In: *Theorie und Praxis.* Neuwied, 1967. [Ed. Bras.: A crítica de Hegel à Revolução Francesa. In: *Teoria e práxis.* São Paulo: Unesp, 2013.]

_____. Nachwort. In: HEGEL, G. W. F. *Politische Schriften.* Frankfurt, 1966.

_____. Naturrecht und Revolution. In: *Theorie und Praxis.* Neuwied, 1967. [Ed. Bras.: Direito natural e revolução. In: *Teoria e práxis.* São Paulo: Unesp, 2013.]

_____. *Strukturwandel der Öffentlichkeit*, Neuwied, 1968. [Ed. Bras.: *Mudança estrutural da esfera pública.* São Paulo: Unesp, 2013.]

_____. Vom sozialen Wandel akademischer Bildung. In: *Universitätstage.* Berlin, 1963.

HEGEL, G. W. F. *Enzyklopädie.* In: LASSON, G. (hg.). *Sämtliche Werke.* v.II. Leipzig, 1920.

_____. Jenenser Realphilosophie. In: LASSON, G. (hg.). *Sämtliche Werke.* v.I e v.II. Leipzig, 1932.

_____. Hegels Schriften zur Politik und Rechtsphilosophie. In: LASSON, G. (hg.). *Sämtliche Werke.* Leipzig, 1923.

_____. System der Sittlichkeit. In: LASSON, G. (hg.). *Sämtliche Werke.* Leipzig, 1923.

Técnica e ciência como "ideologia"

HEILBRONNER, R. L. *The Limits of American Capitalism*. New York, 1966.

HEINRICH, K. *Versuch über die Schwierigkeit nein zu sagen*. Frankfurt: Suhrkamp, 1964.

HENRICH, D. *Fichtes ursprüngliche Einsicht*. Frankfurt, 1967.

HORKHEIMER, M. Traditionelle und kritische Theorie, *Zeitschrift für Sozialforschung*, Frankfurt, v.VI, 1937.

HUXLEY, A. *Literatur und Wissenschaft*. München, 1963.

KANT, I. *Die Grundlegung zur Metaphysik der Sitten*, 1785. [Ed. Bras.: *Fundamentação da metafísica dos costumes*. São Paulo: Barcarolla, 2010.]

_____. *Kritik der Urteilskraft*, 1790. [Ed. Bras.: *Crítica da faculdade do juízo*. 3.ed. São Paulo: Forense, 2012.]

KRAUCH, H. Technische Information und öffentliches Bewusstsein. In: *Atomzeitalter*, 1963.

_____. Wider den technischen Staat. In: *Atomzeitalter*, 1961.

LENSKI, G. E. *Power and Privilege: A Theory of Social Stratification*. New York, 1966.

LIPSET, S. M.; ALTBACH, P. G. Student Politics and Higher Education in USA. In: LIPSET, S. M. (org.), *Student Politics*. New York, 1967.

LUKÁCS, G. *Der junge Hegel*. Berlin, 1954.

MACPHERSON, C. B. *Die Politische Theorie des Besitzindividualismus*, Frankfurt, 1967.

LÖWITH, K. Einführung. In: *Die hegelsche Linke*, Stuttgart, 1962.

_____. Hegel und die Sprache. In: *Zur Kritik der christlischen Überlieferung*, Stuttgart, 1966.

_____. *Von Hegel zu Nietzsche*, 1961. [Ed. Bras.: *De Hegel a Nietzsche*. São Paulo: Unesp, 2014.]

LÜBBE, H. Die Freiheit der Theorie. *Archiv für Rechts- und Sozialphilosophie*, 1962.

_____. Zur Politischen Theorie der Technokratie, *Der Staat*, 1962,

MARCUSE, H. *Trieblehre und Freiheit. Die Idee des Fortschritts im Licht der Psychoanalyse*. 1956

LÜBBE, H. Industrialisierung und Kapitalismus im Werk Max Webers. In: *Kultur und Geselschaft*. v.II. Frankfurt, 1965.

MEAD, G. H. *Mind, Self and Society*. Chicago: The University of Chicago Press, 1934.

OFFE, C. Zur Klassentheorie und Herrschaftsstruktur im staatlich regulierten Kapitalismus (manuscrito).

PICHT, G. Der Sinn der Unterscheidung vom Theorie und Praxis in der griechischen Philosophie. In: *Evangelische Ethik*, 8, 1964.

POPPER, K. *The Logic of Scientific Discovery*. London, 1959. [Ed. Bras.: *A lógica da pesquisa científica*. São Paulo: Cultrix, 2013.]

SCHELSKY, H. *Der Mensch in der wissenschaftlichen Zivilisation*. Köln--Opladen, 1961.

_____. *Einsamkeit und Freiheit*. Hamburg, 1963.

SOLLA PRICE, D. J. *Science since Babylon*. New Haven, 1961.

SNELL, B. Theorie und Praxis. In: *Die Entdeckung des Geistes.* Hamburg, 1955.

STRAUSS, L. *Naturrecht und Geschichte*. 1953.

TOPITSCH. E. (Hg.). *Logik der Sozialwissenschaften*. Köln, 1965.

WEBER, M. *Politische Schriften*. München, 1921. [Ed. Bras.: *Escritos políticos*. São Paulo: WMF Martins Fontes, 2013.]

WHITE, M. *Toward Reunion in Philosophy*. Cambridge, 1956.

Índice onomástico

A
Adorno, Theodor, 8, 82, 122
Aristóteles, 56

B
Baader, Franz Xaver von, 82
Bacon, Francis, 153
Benjamim, Walter, 82
Bloch, Marc, 81-2

C
Cassirer, Ernst, 58

D
Dewey, John, 157, 161
Durkheim, Émile, 15, 24

F
Fichte, Johann Gottlieb, 39-41, 138
Freud, Sigmund, 80, 117
Freyer, Hans, 145

G
Galilei, Galileu, 101
Gehlen, Arnold, 22, 83, 110
Gibbon, Edward, 70

H
Hegel, G. W. F., 12, 20-1, 35-47, 49-52, 55-9, 61, 63-5, 68-70, 72-3, 116
Heidelberg, 164
Herder, Johann, 51-2
Hobbes, Thomas, 152
Horkheimer, Max, 178-9
Humboldt, Alexander von, 138
Husserl, Edmund, 81, 179, 181-4, 186, 197, 199
Huxley, Aldous, 133, 135

K
Kahn, Hermann, 125
Kant, Immanuel, 14, 38-40, 46-9, 55-8, 98, 181, 183
Krauch, Helmut, 173

L

Lasson, 35
Litt, Theodor, 58
Locke, John, 98
Löwith, Karl, 72
Lübbe, Hermann, 155
Lukács, Georg, 58

M

Marcuse, Herbert, 8, 16, 19-20, 22-3, 30, 33, 75-9, 81-4, 86-8, 102-3, 107, 122
Marx, Karl, 8, 14-6, 18-23, 25, 28-31, 35, 72-3, 82, 96, 102-4, 108, 120, 123-4, 128, 143-4, 147
Mead, G. H., 15
Morgenstein, Oskar, 174

O

Offe, Claus, 105-6, 113

P

Parmênides, 178
Parsons, 15, 18, 24, 89-90
Platão, 178, 181

R

Rittel, 154

S

Saint-Simon, Conde de, 153
Sartre, Paul, 81
Schelling, Friedrich, 82, 139, 177
Schelsky, Helmut, 145, 160, 199
Schmitt, Carl, 155
Schumpeter, Joseph, 96, 159
Snow, C., 133

W

Weber, Max, 15-20, 23-8, 30-1, 75-7, 79-80, 88, 90, 93, 99-100, 102, 152, 155, 159, 162

SOBRE O LIVRO

Formato: 14 x 21 cm
Mancha: 23 x 44 paicas
Tipologia: Venetian 301 12,5/16
Papel: Off-white 80 g/m² (miolo)
Cartão Supremo 250 g/m² (capa)
1ª edição: 2014

EQUIPE DE REALIZAÇÃO

Capa
Andrea Yanaguita

Edição de texto
Frederico Tell Ventura (Copidesque)
Mariana Pires (Revisão)

Editoração Eletrônica
Eduardo Seiji Seki (Diagramação)

Assistência Editorial
Alberto Bononi